ハヤカワ文庫 NF
〈NF474〉

駆け込み寺の男
—玄秀盛—

佐々涼子

早川書房
7835

駆け込み寺の男

——玄秀盛——

1

一九六二年の梅雨《つゆ》時のことだったと玄秀盛《げんひでもり》は記憶している。

小さな喫茶店の外は雨だった。玄は六歳。両親と一緒にテーブル席についている。

玄の手には、買ってもらったばかりの飛行機のおもちゃが握られていた。

「ブーン、ブーン」

そう言いながら、ソファに膝《ひざ》立ちになり、雨に曇った喫茶店の窓を背景に飛行機を飛ばしていた。

テーブルには、今まで飲ませてもらったことのないオレンジジュースがある。手の中で銀色に光るゼロ戦は、初めて買ってもらったおもちゃだった。

はたからみれば、普通の家族だったかもしれない。だが、父親は再婚し新しい所帯を持っていたし、母親には内縁の夫がいた。玄は自分が余計な子だと気づいていた。

五歳まで出生届さえ出されなかった。この世の誰にも歓迎されずに生まれてきた子だと、十分すぎるほどわかっていた。

「ブーン、ブルン、ブルン」

飛行機を空中で旋回させた。無邪気に遊んでいたわけではない。かすかな雨音がする中、玄は耳をそばだてて両親の話を聞いていた。

やがて、母親が父親に向かってこう切り出した。

「あんたかて父親やろ？　とにかく、この子を引き取ってほしいんや」

父親は困ったようにこう答える。

「何をいまさら……。俺かて余裕なんかないで」

母親が畳みかける。

「うちの人が、もう育てきれんから、どっか連れてけ言うてるんよ」

「そんなこと言うたかて、お前……」

ゼロ戦が空中で一瞬止まる。

父親が、玄の顔に冷たい視線を送っていたからだ。

「ほんまにこいつ俺の子か？」

玄は、ゼロ戦をじっと見つめたまま、再びそれを動かしはじめた。

「チッ。なんやあ。ちっとも俺に似とらんやないかあ」

父親は、そう吐き捨てた。

確かに本当の家族ではないに違いない。そう玄は思った。もし、血がつながっているのなら、こんな会話を息子の前でするだろうか。しかし、玄は怒っておもちゃを壊すでもなく、泣き叫ぶでもなかった。

慣れていたのだ。こんな会話は母親と内縁の夫との間でも毎晩のように交わされていた。いつか母親に捨てられるだろうと玄は自分の運命を悟っていた。

内縁の夫は家に帰ってくるたびに玄にこう言い放った。

「おい、秀坊！　お前、父ちゃんのところへ行け！」

母親は玄をかばわなかった。それどころか機嫌を取るような笑顔でこう言った。

「秀坊、あんた、父ちゃんのところへ行く？」

そしてこの日連れてこられた喫茶店でも、〈実の父〉という人が自分を荷物のように扱っている。

手に持っているゼロ戦に興味などなかった。関心があったのは、ただ自分が今後どうなるかだけだ。

やがて、母親はあわただしく立ち上がると、振り返ることなく喫茶店を出て行った。

そして残されたのは、〈実の父〉という見知らぬ男だった。


夕方、小さな荷物とゼロ戦を抱えた玄が連れていかれたのは、神戸市長田区の焼肉屋の下階にある、倉庫のような粗末な家だった。

玄関のドアから顔を出したのは、きつい顔をした、父親と結婚したばかりの日本人の若い身重妻だった。

玄を見るなり、甲高い声でこう父親を問い詰めた。

「ちょっと、この子何なの？」

父親の説明に、若い女は眉毛《まゆげ》をきゅっとつり上げると、いよいよ語気を荒らげた。

「隠し子がいるなんて知らんかった。何？　この子いったいどうするつもり？　まさか預かるつもりやないでしょうね。はよ！　はよ返してきて！」

父親は、玄の肩を押して家の中へ入れると、面倒くさそうにこう言った。

「まあ、かまわへんやろう。子どもがもうすぐ生まれるし、適当に置いておいて、子守にでも使ったらええんとちがうか」

継母《ままはは》は納得いかないという顔をして、怒りに震えながら玄を睨《にら》み付けた。玄はゼロ戦をぎゅっと握ったまま部屋の隅《すみ》に立ち尽くしていた。

玄はこの日のことをよく覚えている。

母親に捨てられ、実の父は愛情のかけらもない。

誰も自分の命を助けてはくれない。自分のほかに誰も自分を守るものがいないのだ。

自分はこれから、たったひとりで生きていく。

小さなころの覚悟は、どれほど人の一生に影響を与えるのだろうか。玄は、振り返ってこの日のことを、こう表現する。

「俺は最初の覚悟をした。自分の命は自分で引き受けるっていう覚悟な。これが、最初の転生や」

その後玄は、家事に子守にと、まるで従順な奴隷のように働かされた。それがきっかけとなり数奇な運命をたどることになるのである。

2

二〇一一年。新宿救護センター、通称「歌舞伎町駆け込み寺」が開設されて九年がたった。同年七月には一般社団法人「日本駆け込み寺」と名を変えた。

玄秀盛が駆け込み寺の所長だ。大阪西成《にしなり》、釜ヶ崎(あいりん地区)の人夫出しで一財産を成し、暴力団との抗争の末、日本名「平山」として暴力団関係者に名を知られた男。財界のフィクサーや元大臣とも付き合いのあった男。二度の千日回峰行を達成した酒井《さかい》雄哉大阿闍梨《ゆうさいだいあじやり》に得度を受けた男。そして、HTLV-1ウイルスに感染していることを知り、すべての過去をなげうって、新宿救護センターを開設し、ドメスティックバイオレンスや借金苦、希死念慮で苦しむ延べ一万人の相談に乗った男だ。

開設当初、この怪物じみた人物をマスコミはこぞって取り上げた。新聞や雑誌の記者、テレビクルーたちも、みな玄を追いかけた。

だが世間は、彼の取り組みを、それほど長くは続くまいと見ていた。

どうせ人助けといってもただの偽善や目立ちたがり、もしくは何かの気まぐれだろう。持って三年、短ければ一年ぐらいでつぶれるのではないか。悪人はしょせん悪人、人助けのような柄に合わないことはできないだろう。大方はそう踏んでいた。

あるいは、ストーカーや、やくざのヒモと体を張って対峙する玄を、「いつか殺されるんじゃないか」と、格闘技でも見物するような好奇心で眺めていた人々もいた。一言でいうなら、彼のことを「胡散《うさん》くさい」と見ていたのである。

しかし、玄はむしろ、世間の風聞《ふうぶん》を逆手に取っているようにも、適当に利用しているようにも見えた。そうやって九年がたったのである。九年という日々は、決して遊び半分で積み重ねられるような時間ではない。周囲の好奇心はいつしか、感嘆や畏怖《いふ》に変わっていった。それでも、彼がどこか普通ではないということに異論のある者はいなかった。

彼は五十五歳になった。目つきが異様に鋭く、肩が張って、首が肩にめりこんでいる、格闘家にあるような猪首《いくび》の男だ。よく冗談を飛ばし、よく笑う。彼の人柄にひきつけられ、子どもも年寄りも、彼のファンになった。

しかし、玄のことをものすごく怖いと恐れる者もいる。おとなしくしている猛禽《もうきん》類は、おとなしくしていてもやはり怖い。いったん本気になれば、相手の息の根を止めることなど造作もないという刃物のような怖さを彼は持っていた。

相談に乗ってもらった相談者の多くは戸惑うことになる。普通なら相手の気持ちを斟《しん》酌《しゃく》するような場面でも、遠慮なくスパン、スパンと切りすてていく。これが不思議と爽快だった。それはまるで、よく切れる刃物で指を切ったときに、血があふれ出て患部がすっと涼しくなる、あの感覚に似ていた。

二〇〇二年十一月のある日。歌舞伎町に降る雨の中、やせたフィリピン人女性がスリップ一枚だけ身に着けて、はだしのまま走っていた。白かったはずのスリップは血でどす黒く変色し、ペディキュアのついた指は泥水で汚れている。

不夜城と呼ばれる歌舞伎町も、深夜二時ともなると店の灯《あか》りは次々と落とされ、客待ちのタクシーは、もう引き上げ時と水しぶきをあげて帰っていく。

傘をさしての職務質問はできないからか、警察官がパトロールする姿も周囲にはない。フィリピン人女性は二十代。ランジェリーパブで働いていて、日本人のヒモに暴行を受けた。片目をつぶされ、力の入らない腕をだらんとたらしながら彼女が向かったのは交番ではない。交番から数十メートル先にある、小さな雑居ビルの四階にあった、新宿救護センター、通称「歌舞伎町駆け込み寺」だ。

ビルの中には薄暗い非常階段が続き、ところどころ電球が切れている。黒いタイル張りのその階段は十数段上がると踊り場があり、また階段を上がると、次の踊り場がある。

彼女は息をきらせて駆け上がった。

その行き止まりにある救護センターの鉄扉は開け放たれていた。

「タスケテ！」

たどたどしい日本語とともに彼女はその中に飛び込んだ。

「ヘルプッ、ヘルプミー！」

そこには新宿救護センターの所長、玄秀盛がいた。階下からはバタバタと追いかけてくる、もうひとつの足音が聞こえてくる。

床に倒れこんだ女性を引き入れて、「ちょっと奥へ入ってな」と声をかけると、玄はドアの前に立った。

ポロシャツにチノパン姿。特別な恰好をしているわけではなかったが、彼を特徴づけるその目には、かたぎの人間にはない光がこもる。その目はあくまで穏やかだが、静かな狂気をはらんでいた。暗い階下からは、湿気を含んだ冷気が吹き上がってきていた。

女を追いかけてきたのは若いチンピラだ。男は神経質そうな顔に青筋を立てていたが、センターの看板を見て、一瞬気勢をそがれたような表情を浮かべる。

「あのさあ、俺のオンナが来たはずなんだけどさあ」

ハァハァと、すっかり上がった男の息からは、強い酒とたばこのにおいがして、夜の湿気と混ざり合った。

「なんやあ、まあ、兄ちゃん。ちょっと、落ち着いて」

優しい言葉とは裏腹に、有無を言わせない響きがある。

「あのさあ。悪いけど、女を呼んでよ。なんかケガしちゃっててさあ。手当してやんないと」

女性が潜《ひそ》んでいるだろう場所を見据えた男は、中へと強引に入ろうとするが、玄は肩でそれを押し返した。男は玄と体が接した瞬間に、え？という顔をして玄の顔を見つめた。玄には、男がぎょっとするのが手に取るようにわかった。低い声で男にささやくようにこう言った。

「俺の女って、ここをどこか知ってんの？」

男は顔色を変え、新宿救護センターの看板に目をやった。

「……見りゃわかるよ」

「じゃ、話は早いわな。ここは歌舞伎町駆け込み寺や。俺んところに来たら、誰でも守ってやらな、あかんのや。うちの敷居《しきい》は跨《また》がせんよ」

男は身を固くすると、脅すようにこう言った。

「そいつ、うちの組のオンナなんだよ」

男はそこで目の前の相手がおびえると思ったのだろうが、玄は鼻で嗤《わら》った。

「組事っていうけどよ、お前どこの組のもんや」

「〇〇組のもんだよ」

男は組の名を言うが、玄は少しも動じない。

「ほう、あんた、やくざとしてものを言うんか。それとも男としてものを言うんか。どっちやねん」

男は驚いたことだろう。「新宿救護センター」という生真面目《きまじめ》な名の施設から出てきたのが、関西弁を操る得体《えたい》のしれない男なのだ。その口調はかたぎではない。

「やくざと名乗るからには、仮にも女は商品やろ？　組の商品に手ぇつけていいんか。女ボコボコやったで。商品は大切に扱わな、な。俺もこういうことやってるから、事情はわかってんやで。要するに、あんたヒモやろ？　それ組と何の関係あるんや。うち、駆け込み寺って看板かけて、俺が身命を賭《と》してやっとるんや。あんた、やるんならやろうやないか」

玄は男に向かって一歩、踏み出す。

「さ、この敷居跨げるもんなら、跨がんかいな」

さて、ここで大立ち回りが繰り広げられると期待するなら、たぶんそれはテレビや映画の観すぎだ。幸いなことに、現実世界はやくざ映画よりもいくぶん小ぶりだ。

暴力団関係者と名乗った男も、狂犬ではない。多くの暴力夫やヒモと同様に、玄を前にして女に暴力をふるうことはなかった。女を殴るような男は、まず間違いなく臆病な人間なのだと玄は言う。自分の弱さを隠すために、一見強そうな外見を纏《まと》っているのだ。

しかし男にもメンツがある。一触即発の緊張感が生まれた。

玄はここでふっと力を抜く。まず強く出て次に弱く出るのがコツなのだ。駆け引きすることによって、相手の退路を用意して落としどころを探る。

「おう、兄ちゃん。ここらへんで引きあげといたらいいんとちがうかな。明日も明後日も、俺はここにおるからよ。誰にものを言ってんのか、よく確かめてからまた来いや」

男には玄がどんな種類の男かわからない。強烈な関西弁でまくしたて、暴力団の組の名を出してもまったく動じない人間を、さぞかし気味悪く感じただろう。こういう場合は、修羅場をいくつ踏んだかがものを言う。男はすでに上体が泳いでいた。

「兄ちゃん、帰るなら、名前教えていって。何のたろべえだかわからんと、俺何も答えようもないしな」

貫禄負けというべきだろう。男は困った表情を浮かべながらも、あっさり名前を名乗り、納得がいかないという表情で引き上げていった。

玄は、奥の部屋に隠れていた女のもとへと近寄り、出血の止まらない傷口を確認すると、夜食を取りに外に出ていた女性ボランティアに電話をする。

「急いで包帯と消毒薬を買って戻ってきて」

「うん、わかった」

何事があったのかと電話の向こうで息をのむ気配がした。玄は緊張を解くように軽く言った。

「お金は、お前出しといてな」

電話の向こうで、ボランティアの女性が笑った。

ボランティアが戻ってくると、その女性に手当と着替えを手伝ってもらい、しばらく考えたあと病院に電話をかける。病院といっても人間の病院ではなく、二十四時間営業の獣医だった。

「先生、うちの雌犬が一匹交通事故に遭って、前脚折れてんねん。飼い主と一緒に行かせるから見たってや。犬やで犬。よろしくな」

獣医が診たのは「犬」、玄が連れて行ったのも「犬」ということだ。骨つぎ、縫合代などを合わせて診察費は三万円。玄は五千円の六回払いを約束した。

「犬」の治療が済んだあと、玄は女性ボランティアとフィリピン人女性を伴ってシェルターへと向かう。シェルターは職安通りのドン・キホーテの真向かいにあった。ワンルームマンションで、家賃は月十一万七千円。1LDKの部屋にはシングルベッドがふたつあり、その間をパーテーションで仕切ってある。小さな冷蔵庫とテレビがついていて、相談者は、何泊か身を寄せることができる。

玄はシェルターにボランティアとフィリピン人女性を送り届けると、センターに戻り、明け方数時間の仮眠を取った。

暴力男は次の日に、打って変わった表情で、かしこまってやって来た。

「昨日はすみませんでした」

玄は、いかにも神経質そうな男を見下ろしながらゆっくりと向かいの椅子に腰かけた。骨折させるようなひどい暴行を加えたことについて、反省の言葉を吐きながらも、男は弁解に終始した。

「あのオンナ、金を盗んで逃げたんですよ。あいつ俺のオンナなんで、返してください」

玄は腕組みをして、若い男を見据えた。

「なあ、あの女、不法滞在やろ？　あんた自身も傷害罪やで。あんた捕まったら、その女がどこに監禁されてて、どこで働いてたか、捜査当局に全部バレるで。入管も警察もバカちゃうよ。あんた、それが怖くて来たんやろ？」

図星《ずぼし》だったのか、男は頭を下げる。

「はぁ……、まぁ……それもあります」

「もし、女が警察に行ったらどうなる？　あんたとつながってる組織、芋づる式にズルズル全部挙げられるで。女の子も挙がるし、店も挙がるなあ」

男の顔に、玄は顔をよせてひそひそとこう言葉を継いだ。

「大丈夫や。女には口止めしたるわ。俺がケツ拭いたる。あんたのところに手がまわらんようにしてやるからな」

男は、玄の前ではすっかりおとなしくなっていた。

「本当ですか？」

玄は、にやっと笑った。

「ああ、それは保証したるよ。あんたこのへんでうろうろしてんのやろ？　俺はずっとここにおるから、何かあったら俺んところへ来たらいいがな。だからな、女のパスポートと荷物、全部持ってきて」

「わかりました」

男が神妙にしているのをじっと観察していた玄は、さらにこう畳みかける。

「それからな、兄ちゃん。女に十万ばかり渡してやって」

男の顔色が変わるのを見て、玄はわざとゆっくり男に話しかけた。

「あんたにしてみたらアホらしいと思うやろ？　でもな、渡航費用もいるさかいな。そうせんと、女は入管であんたのことバラすで。あんたの家も、何もかんも……。そやろ？」

玄の言葉はさらに粘《ねば》りつくようにゆっくりになった。

「大丈夫や。俺が、そこんとこ言わんように保証する。俺が、なんとかしたる」

そして、大げさに困ったような顔を作った。

「うちも実費かかってんねん。包帯とかよ」

「……わかりました……」

男は一刻も早くこの件から手を引きたかったのだろう。催眠術にでもかかったかのように、荷物とパスポート、現金十万円を持って来ると、慌てて立ち去っていった。内三万円は医療費に、三千円は手数料として玄が受け取り、六万七千円はフィリピン人女性の手に渡った。

女性のその後については、自分の知るところではないと、玄は言う。「ただ、一般論として」と前置きをして、フィリピン女性にこう言った。

「あんたがクラブやキャバレーで勤めたら、必ずヤクザが嗅ぎつけてやって来て、あんたは捕まる。必ずな。でも、人里離れたラブホテルのリネン係や、旅館の仲居になったら、ひょっとしたらうまく勤まるかもしれんな」

女性はそれをじっと聞くと、茶色い瞳でうなずいた。

シェルターに一泊させた後、玄は女性を神奈川県内にある外国人ばかりを受け入れているNPOシェルターへと送り届けた。彼女はそれから傷が回復するのを待つと、どこからか旅館での住み込みのバイトを見つけ、半年ほど働いて本国へ帰っていった。

ある日、玄は一通の手紙を受け取った。差出人は別の名前だったが、玄にはそれがフィリピン人の彼女だとピンと来た。

〈玄さん、ありがとう。一生忘れない〉

それが男の武骨な文字で書いてあるのを見て、玄は笑った。いい男を見つけて代筆させたのだろう。彼女は稼いだ現金を手に自由をつかんだ。

玄はこう言った。

「男に金を絞りとられたあげくに、腕を折られて、はい強制送還です、なんて気の毒やもんな。何にもいいことがなく帰ったらただのやられ損や。まあ、よかったよな」

3

私はフリーのライターだ。以前は若い時に子どもを産み、日本語教師のアルバイトをしながら子育てをしていた。ライターとして仕事を始めたのは三十代の後半になってからだ。

文章を書くのが得意だったわけではない。宿題と受験で書かなければならない時以外、文章を書いた記憶はない。自分の気持ちを表現するのは、おしゃべりであっても、文章であっても苦手だった。しかし、いざ定職に就こうとすると、社会人経験もなく主婦になってしまった私には就職先は見つからない。

資格を取って日本語教師になってはみたものの、人を教えるのは向いていなかった。

そこで短い文章で何かを紹介するライターになることにした。これなら自分の気持ちまで書く必要はない。どんな仕事でも引き受けた。編集プロダクションで温泉宿のガイドブックを作るといえば、巻末の数百件の宿の電話番号が間違っていないか一軒ずつ電話をかけたし、鉄道の軌道とメカニズムというマニアックな本を手伝ったこともある。毎日、必死だった。

だが、若くもなく、実績もないライターに、責任のある仕事を任せてくれる人もおらず、いつまでたってもうだつが上がらなかった。

そんな時に、出版プロデューサーの吉田浩が、一週間に一度のメールマガジンを執筆するライターを募集しているのを知り、応募した。

仕事は、新宿救護センターのメールマガジンの編集と執筆だ。支援者に有料でメルマガを購読してもらい、それを運営費用に充《あ》てるのである。私の仕事は、毎日持ち込まれる相談をどのようにして玄秀盛が解決したかを聞いて、それをまとめることだった。のちに私はノンフィクションライターになるのだが、その原点がここ新宿救護センターでの取材にあった。

駆け込み寺は、以前雑居ビルの四階にあったが、現在の新宿救護センターは、私がかかわりはじめたときにはすでに病院や公園の近くに移転しており、周辺は歌舞伎町とは思えないほど静かだった。救護センターの中へ入ると、そこには三組のテーブルとイスがあって、喫茶スペースになっている。昼になるとランチを出す食堂になり、奥には相談者のための小部屋がある。

受付には二人の常勤スタッフがいて、相談を請け負うボランティアがいる。

キッチンには賄《まかな》いのスタッフが来て、人生のうんちくを語りながら、ご飯を作った。まるで小さな家族のようだった。今、振り返ってみると、玄はここにひとつの家族を作りたかったのだろうと気づく。

玄はとてもきれい好きだった。部屋の隅から隅まで入念に掃除され、塵《ちり》ひとつ落ちていない。

通りに面した側は一面ガラス張りで、うららかな日差しが救護センターの奥まで入ってきていた。何もかもが平和だった。

時折私は、このあたたかな日差しの中にある部屋でくつろぎながら、芥川龍之介の「蜘蛛《くも》の糸」の極楽にある蓮池を連想した。芥川の描く極楽では、釈迦《しゃか》が蓮池の中を覗きこむと、地獄が見える。

この場所では、相談者の心の中を覗きこむと地獄があった。

そして、もうひとつ。玄の過去にも壮絶な地獄が見えた。

玄秀盛は一九五六年の五月に生まれた。彼の父親は、韓国の済州島からの密入国者で、西成地区を中心に、居を転々としながら生きてきた。父親は外国人登録もなく、住民票も持っていなかった。

母親は在日韓国人の娘だった。玄が物心ついたころには、すでに玄の父親とは別居していた。

母親の男出入りは激しかったという。玄を追い出したのも、母親と同居を始めた男だった。

玄の母親は弱い女性だったのだろうか？　玄は、ケッと笑ってこう答える。

「ちゃうちゃう。男が好きだっただけやろ。自分の生んだ子より男が好きな女なんて、相談者の中にもいっぱいおるで」

彼の記憶の始まりは、小学校に上がってすぐ、父親と母親が喫茶店で玄を押しつけあっている情景だ。それまで飲ませてもらったことなどないオレンジジュースと、銀のゼロ戦のおもちゃが妙に印象に残っていると玄は言った。

小学生のころ、一番長く住んでいたのは、差別的に「猫捕り部落」と呼ばれていた集落だった。

そこでは毎朝、いろいろな場所から猫が集められて、皮に加工されていた。

三味線を伝統芸能としてもてはやしながら、その皮を製造する職業を差別するのは、自分の想像力のなさと無知を曝《さら》け出して歩いているようなものだが、そういう類《たぐい》の人間はいるし、これからもいなくはならないだろう。

玄は小学校四年生から新聞配達をしていたので、毎日猫の解体場を横切った。当時は衛生処理を施す施設もなく、流れ出た血液はすべて川に流された。だから、玄の記憶の中に流れる川はいつも赤い色をしているという。

集落の外の住人たちからは、あからさまな差別を受けたが、玄はいたって冷静に受け止めていた。

「小さいころから差別されていれば、それに対してどう思うもクソもない。そういうもんだと思っとったわ」

玄の父親にも方々に女がいた。玄は父親に連れまわされ、母親と呼ばされる女がしょっちゅう変わった。父親は、玄をかわいがることもなく、時折機嫌が悪いとせっかんを加えた。

あまりに暴力がひどいと玄は逃げ出して、母親のもとに戻る。

しかし、そこには母親の男がいた。ひどい時には男に熱湯をかけられたこともあった。

玄は私の問いかけにこたえて、過去の思い出話をしてくれることがあった。私はメールマガジンを発行する傍ら、時々玄の過去の話を聞いていた。

これは、二〇〇九年のある日のインタビューである。

「一瞬でも、愛情やぬくもりを与えられて育ててもらったという記憶があるなら、それを取り上げられれば、悲しい、さびしい、せつない、そんな気持ちにもなるやろうな。でも、生まれたときからそんな情を一切かけてもらったことないねん。親の愛なんてものを見たことも触ったこともない人間には、そんなもんわからんのや。愛情なんていう概念すらわからん。

〈ドリアン〉を食ったことない人間には、『ドリアンってめっちゃうまいねん』って説明されても、どんな味かなんてわからへんやろ。あれと同じ。ドリアンなんて食べ物を知らずに生活していた人間が、ドリアンが食えなくて寂しいとか、つらいとか思うか？　思えったって土台無理な話や。そもそも何のことか知らんのや。

親に殴られたり、どつかれたり、食事も与えてくれへんことについても同じ。腹いっぱいになったことがないから、空腹なんて意識もせえへんよ。でも、それを恨むでもなく憎むでもなく、当たり前のことと思ってた。

子どもってそやろ？　フィリピンのごみ山で生まれればそれが普通、アフリカの難民キャンプで生まれればそれが普通。

子どもってなあ、大人よりはるかに適応力があんねんで。俺は家畜や。だから、家畜の考え方しか知らんのや。

別にかわいそうなことあらへん。なまじっか変な愛情を注がれて、それを突然取り上げられた方がずっとしんどかったやろうな。きっと強く執着したと思うよ。

でも、幸運なことに俺は知らんかった。

だから見える。執着なくして生きられない人間の弱さが。


小さなころは、とにかく腹いっぱいになりたいと思って生きてきた。

そのころよく食べていたのは、市場《いちば》でもらってきた大根の葉、白菜の芯《しん》、豚の皮、牛の喉、キムチを鍋で煮たものや。牛の喉は食いちぎれんから、包丁で何度も叩いて細かく刻む。豚の脂が浮いて冷えると、カチカチに固まって箸《はし》も入らん。そんな代物《しろもの》や。

鍋を抱えて歩いとけば、後ろから蹴り飛ばされたりせんやろうから、いつも何かしら家事をしとったなあ。

継母は、俺が小学校一年生のときから、立て続けに三人の子供を産んだ。俺はその子らと同じ量ぐらいしか食べさせてもらえへんかった。継母にとっては、自分の子が第一で、俺は子守のための労働力や。ロバやヤギみたいなもんやな。

いつでも腹を空かせていたが、親は梅干しの種まで食えと言った。歯でかち割ると、種の中にピーナツみたいなものが入ってるんや。それをしゃぶったな。

子守をしてよかったことは、小さい子たちのおやつをくすねられること。たくさん食うと殴られるから、卵ボーロなら五粒ぐらいと決めて、こっそり口の中に入れた。でもある日、継母に見つかってな、ほっぺを嫌というほどたたかれて、顔がパンパンに腫れた。

最初にかっぱらいをしたのは小学校一、二年のころとちがうかな。駄菓子屋のチョコレートぐらいなら、小さいからさっと取れて都合がいい。腹が減っているから取る。命がかかってんのや。

駄菓子屋で取るならアメ玉が一番いい。あれは長いあいだ口に入れておける。チョコレートはすぐになくなる。ラムネはあっという間に溶けてなくなるから最悪やな。

本当はパンとか取りたいよ。でも、小学校低学年では目立つやん。なかなか取れん。『主婦の店』っていうスーパー知ってるか？　ダイエーの前身のスーパーや。そこで、取ったら捕まった。陸上をやってたとかいう警備員がおって、店から二百メートルほど走ったところで追いつかれた。後ろからぐんぐん追いかけてくるのがわかるんや。ああ、捕まるなって思ったよ。

小学校二年生のころだったかな。継母の妹が、大人が誰もいない時間を見計らって家に来ると、下着を脱いで股を開いた。

『ここを舐め』言うてな。

やったらカツ丼を食わせてくれるって言うから舐めたよ。『カツ丼ってどんな味すんのやろうな』と思いながらな。

嫌だったかって？　そういうインタビューの仕方をするからあんたはダメなんや。愚問やろ。楽しかったと思うんか？

遠足のときのおやつも万引きして調達した。金なんかくれへんもんな。空っぽのリュックサックなんか持って遠足に行くなんてプライドが許さん。そのへんでくすねたものをリュックに詰めて持って行った。

ところが、その日に限って珍しく父親が話しかけてきてよ。

『今日は何をやった？』って言われたから『遠足に行った』と答えた。

『お菓子は持って行ったのか？』と聞かれたから『持って行った』と答えると、『買ったのか？』と聞くんや。かっぱらってきたなんて言えんやろ。黙っていると、『金はどうした？』と問い詰められるわけや。結局万引きしたことを話すことになって、激しいせっかんを加えられたよ。

散々殴られたあと、重い鉄の棒があってよ、手を前に伸ばしたままそれを持って立っておけと言われて、ずっと立ち続けた。理不尽やて？ そんなことを考える頭、なかったよな。それが普通。俺にとっては普通のことやねん。

あまりに腹がすくから、小学校四年生のときから新聞配達を始めた。給料は一日千二百円で、その中から継母に千円取られて、二百円でお好み（焼き）を買った。

お好みは至福の味、強烈やったで。かっぱらったものと違って、ゆっくり食える。あわてて飲み込まなくてもいい。それに、あったかいねん。あったかいもんてくすねられへんもんなあ。今にして思えば、ぬくもりを求めていたんやろうな。俺にとっては、あれがたぶん唯一のぬくもりや。

あのころの食べ物にまつわる一番の思い出っていえばなあ、小学校二年生のときやったかな、担任の女の先生が一週間、家に泊まらせてくれてな、その時に初めて腹いっぱいっていう感覚を味わったことやろうか。そのとき先生はまだ独身で、両親と一緒に暮らしていた。

あのころ、父親はよくほかの女のところへ泊りに行ったまま帰ってこないことがあった。すると、継母がイライラして、しばらくすると俺をせっかんするようになるわけや。しまいには、『出ていけ！　お前の親父を連れてこい！』と叫ぶ。

俺だって、知らんもんなあ。仕方なく公園に泊まるわけや。あのころ二十四時間営業なんてどこにもない。町中真っ暗や。食べ物を漁《あさ》ることもできないから、水をがぶがぶ飲んで、滑り台の下で眠った。すると補導されて父親が呼び戻される。そういう生活やったからな。先生も見るに見かねて俺を預かってくれたんや。

夢のようやった。何食わせてくれたかなんて忘れた。でも、腹いっぱい食わせてくれて、あったかい風呂に入れてくれて、一度も殴られへん。家事や子守をせんでもいい。夜は先生と同じ部屋で布団を並べて寝てくれた。

それで愛情を知ったかって？　そうやろうな。ああ、こんなものに囲まれてほかの子は暮してるのかってな。

でも、それでわかったのは、『そうか、ほかのやつらはこんな場所にいるのか。だから、弱いねんな』ということやったな。これなら俺は負けるはずがない、喧嘩しても絶対に勝てる、そう思ったわ。

父親が女を渡り歩くたびに、その女の家に行くやろ？　そこが新しい自分の環境や。名前が変わり、友達が変わり、学校が変わり、住所が変わり、家族も変わった。俺という身ひとつ以外、すべてのものが一瞬にして変わる。平山、前田、松村、玄、末永……。それが俺の名前。呼ばれたって誰のことだかわからんやろ？

新しい家に連れていかれて、新しい学校に連れていかれる。どこが家か、どの人が新しいおかあちゃんなんか、その日に必死になって覚えなければ、学校から帰ることもできん。そんな環境に順応せなならんかった。

学校も韓国人学校、朝鮮人学校、日本人学校と目まぐるしく変わる。日本の学校では『クサイ』『朝鮮人、国に帰れ』と言われたよ。別にそんなこと言われても、『はい、そうですか』で終わりや。

でも、暴力に関しては話は別。大勢で囲まれると、絶対にかなわないからおとなしくやられとくわけや。でも、その夜、そいつらが単独になったところをひとりずつ狙う。俺は学んだ。やつらは家に帰ると素に戻る。気を抜く場所があるわけや。だから、家の前で待ち伏せする。

やつらの弱点は『家』や。だから、俺は暗くなってから家の前に突然現れる。

あいつらあっけにとられるよ。

俺はまず警告をする。

『お前、俺をいらう（いじる）な』と。

そう言って、自分のてのひらを刃物でツーッと切る。それをぎゅっと握ると血がボタボタ流れる。

そんなもんで効果があるよ。たいてい恐怖で凍りつく。

それでも効かんな、というやつもいる。

そういうときには、後ろからブロックでガツンと殴る。飼い犬の目を棒で突いてつぶす。夜の十時ごろ、家の呼び鈴を鳴らして堂々と入っていき枕元に立つ。

コツは狂ったやつだと思われるほどのインパクトや。

『あいつなら何をするかわからん。本当に殺されるかもしれん』

そう思われることが大事や。そうやって恐怖で人をコントロールする。

人は外で虚勢を張っているやつほど弱い。驚くほど弱いよ。でも、仲間がいたらやつらに強いところを見せなあかん。必死や。

だから『家』。家庭にいるところを狙う。

そこでは人はみな弱い。俺は、そこでなら勝てると思っていた。絶対に勝てる。

なぜなら、あいつらはぬくぬくとした家庭で守られている、甘えられる、飯をいっぱい食える。ところが、そういうもんが俺にはない。腹は自分で満たさな飢え死にする。夜は急所を蹴り飛ばされないように壁にへばりついて、腹をかばいながら眠る。病気をしても、けがをしてもほかされる。ひきつけを起こしたときは、舌を噛みきらんようにさるぐつわをして転がされとったわ。

傷を負ったら、手当もされんから命とりや。どうしたら致命傷を負わずに生きていけるかを常に考えるよ。三百六十五日、せっかんされないように働き続けた。だからな、家族に守られているようなやつ、誰かに気にかけてもらっているやつにはな、絶対に負けるはずがないねん。そういえばな、いつもは虚勢を張っているやつを、ひとりになったときに脅すとジャージャー失禁すんねん。

ああ、強いやつもこんなもんかと思ったわ」

4

以前、玄が、自殺願望のある女性に、こんなことを言ったのを聞いたことがある。

「あんたなあ。悩みのレベル低いわ。鼻クソみたいな悩みで人って死ねるんやなあ。死にたいならどうぞご勝手に、というところやな。どうせ死ぬなら、生命保険かけてくれ。女だったら、そこらへんで体売って稼いでくれ。別にええやろ。どうせ死ぬ。あんたの体は全部献体してくれ。ドナーカードにサインしてから帰ってくれんか」

ほかの人間だったら言うべきではないことを、玄は言ってのけた。これは彼にしかできないことだ。相談者によって、こういうセリフを巧妙に使い分けているのである。

「石ころみたいな小さな悩みでつまずいておいて、不幸を石ころのせいにする限り、一歩も前には進めない」玄は私にそう言った。

ある日、尋ねたことがある。

「どうして、人を救おうとするんですか？」

駆け出しライターのまっすぐな問いに、彼ははぐらかしたようにこう答えた。

「小さい悩みで、死ぬの、生きるのと言ってるからよ。人を救うっていうより、まあ、金魚すくいみたいなもんやで。慈悲、慈悲やなあ。なんや、こんなに簡単なことでいいの？　こんなことで感謝されんの？　って感じやろうな。死ぬなら勝手にどうぞ、悩みたいならご勝手に。俺は、誰が死んでも、誰が苦しんでも、痛くも痒《かゆ》くもない。でも、必死で助かりたいってやつが来たら、教えてやるよ。そいつが助かる方法をいくらでも教えてやる。それだけのことや」

二〇〇三年一月二日の昼過ぎに、駆け込み寺はひとりの来訪者を迎えた。

ドアをコツコツと叩く音がして、玄はドアのほうを見た。駆け込み寺のドアは、二十四時間開け放っている。この場所を訪れるのに、ノックをするというのは珍しい。

玄は奥のソファから立ち上がると、ドアへと向かった。

「おう、こんにちは。なんや、相談か？」

立っていたのは、二十代の女性。

「どうした？」

女は、慌ててポケットからメモとペンを取り出すと、紙に何かを書きつけて、それを玄に差し出す。

〈私は、耳が聞こえない〉

玄が顔を上げて女を見ると、女はうなずいた。

「ま、中に来て座りい」

ジェスチャーで、玄はセンターの中にある相談コーナーに女を連れていくと、椅子に座らせた。玄は、女に向かい合うように座る。そしてテーブルの上にあったペンとメモ帳を引き寄せて、玄は女と筆談を始めた。

〈何の用？〉

彼女はジェスチャーで腹を膨らませるしぐさをする。

〈妊娠？〉

彼女は小刻みに何度かうなずく。生理が止まって二カ月が過ぎた。たぶん、おなかの中には子どもがいるという。

〈誰の子？〉

今度は彼女は、二度ほど首を振った。

〈なんや、わからんのん？〉

彼女はさびしそうに笑った。

〈店の客に無理やりレイプされる〉

〈何人も、何人も〉

彼女の説明によると、勤めていたのは中国人が経営する中国マッサージの店だった。中国マッサージといっても、いろいろな店がある。表向きの看板はただの指圧だが、追加料金を払うと、性的なサービスを提供する店もあるという。

彼女も性的マッサージを仕事にし、いわゆる「店泊」をしながら働いていた。一日十二時間働いて、日給は手取り四千円。宿代、飯代を取られ、さらにバスタオル代まで店に取られていた。

だが、声が出ないから抗議することができない。客に避妊もされずにのしかかられても、悲鳴を上げることさえできなかった。

彼女は幼いころから親と離れて施設で育った。施設の男性職員に性的ないたずらをされるので、たまりかねてそこを飛び出したという。しかし、障害を抱えながら、保護者も身元引受人もいない彼女にまともな就職先は見つからない。結局、歌舞伎町に流れ着き、このマッサージ店に拾われた。

〈で、どうしたい？〉

玄は聞く。

彼女は覚悟を決めたように、メモにペンで強くこう書いた。

〈堕《お》ろしたい〉

彼女は続ける。

〈でも、お金がない。店に堕胎費用を払ってもらいたい〉

彼女が、店に堕胎費用を要求すると、店は何も知らないし、お前が勝手にしたことだろうと言う。中絶したいなら、自分で何とかしてこいと店を追い出され、路頭に迷った。

無言のやりとりを続けながら、玄はいつもと違って、冷静になれない自分を感じていた。大人の身の上話には平然としていられる玄も、相談者の腹に子どもがいるとなれば話は別だ。

この子が産み落とされたら、どうなる？

このまま生まれても望まれない子や。誰にも愛情をかけて育ててもらえない子になるだけや。

何とかしなければならないという衝動は、たぶん玄の生い立ちによるものなのだろう。

「女なんて、俺はどうでもええねん。勝手にどうとでも生きたらええ。でもな、子どもは違う。そんな子、世の中に生み出してどうなる？ そんな子が生まれてきたらあかんのや。ほかのやつらには言えんことやろうな。でも、俺には言える。そんな子生んだらあかん」

玄は椅子から上半身を乗り出してペンを走らせた。気持ちの昂《たか》ぶりで字が斜めに流れる。

〈とったるわ。二十万円ぐらいやろ。待っとけ〉

「俺が、叫び声の上げ方を教えたるわ」

女の目の前で受話器を取ると、玄はマッサージ店の中国人経営者に電話をする。

「おう、歌舞伎町駆け込み寺の玄やけど。聾唖《ろうあ》の子がうちに助けを求めに来てんで」

出たのは、たぶん店主だろう。流ちょうな日本語の中に、かすかな中国語なまりが聞いてとれる。

「あんた、レイプされても見て見ぬふりやったらしいな。な、堕胎費用ぐらい出したって。出せないなんてことないよな。あんた、どうすんの？ そんなもん明るみに出たら手が後ろに回りまっせ」

関西弁でまくしたてる玄に電話の向こうはすっかり気圧《けお》される。

この相手なら、本気でやりかねないだろう、あとあと面倒になりそうだと思わせるのがコツと、玄は言う。

交渉の結果、彼女が店に来てからわずか二日後には、店は二十万円を用意した。彼女は、駆け込み寺に金を受け取りに現れると、その足で産婦人科に向かった。この界隈《かいわい》には、保険なしでも堕胎を引き受けてくれる病院があるという。

その五日後、再びドアを叩く音がした。そこには処置を済ませたあの女性が立っていた。

玄の顔を見ると、頭を下げてジェスチャーで礼を言った。

しかし、用件はそれだけではないようだった。

〈今度はどうした？〉

玄が筆談で尋ねると、

〈職がない〉

と彼女は返した。

どんな職がいいかと尋ねると、次も風俗がいいと言う。身元保証人もなく、聾唖で手に職のない人間にほかの職業があるとは考えていないようだった。風俗でも、売春をしないような店で働き、ゆくゆくは自分の店を持ちたいのだと女は答えた。

玄は風俗から足を洗えとは言わなかった。

「余計なお世話やろ。別にどんな職業に就こうがかまへんがな。第一、風俗やめとき、なんてその職業をやっている人間に失礼やろ」

のちに玄は私にそう言った。

彼女は、どこからかもらってきた風俗店のアルバイト情報のチラシを玄の前に広げると、どんな仕事なのか教えてくれと言ってきた。

そこで、玄は風俗のいろはをレクチャーしてやる。

ヘルスとは、ソープランドとは、デリヘルとは……。

〈あんたにはファッションヘルスがええ。乳のひとつでも揉まれるかもしらんが、キスもせんでええし、口も使わんでええ。もちろん挿入もなし。手でパパッと処理して終わりや。あんた見てくれもええから、ちょうどいいんと違う？〉

女はうなずいた。その店は四十パーセントを店に取られるから一本につき六千円。五人の客を取れば、一日三万円になる計算だ。最低保証もある。

身体障害者手帳で未成年でないことを確認すると、彼女に代わって玄が電話をしてやる。

「駆け込み寺の玄やけどな、施設から逃げたきた子がうちに来てるんや。そっちに面接に行くからよろしく頼むわ。でもな、事情ありでな。この子、口が利けんねん。でも、しごくのに何も話せんかてええやろ。なかなかのナイスバディやで。スリーサイズもばっちり。ま、一回会ったって」

そう言って、電話を切った。

彼女はその後、入店が決まったそうだ。

ここ歌舞伎町では、心身に障害を抱えた多くの女性たちが働いている。相談員のひとりの実感によると、風俗で働いている相談者のうち、三割程度は何らかの精神疾患を抱えているのではないかという。

ある日も、知的障害を抱えている女性が駆け込み寺を訪ねてきた。

彼女は体を売ることに精神的な抵抗がなく、路上で客を取っては、その日の宿を決めていた。自分を守る知識が足りず、とうとう誰の子かわからない子を身ごもってしまった。

すでに六カ月を過ぎ、堕胎するのが難しいという。

「ベイビーは中国の人が預かってくれるから大丈夫」と、女は屈託《くったく》もなく言った。

だが、それは戸籍取得のための人身売買に違いないと玄は見ていた。そのような得体《えたい》の知れないルートに乗れば、その子の安全は保証できない。

玄は子どもの話となると人が変わる。

玄はすぐにその女性を区役所へと連れて行った。障害者の保護については、その行政区に責任がある。

「なあ、この子助けたって」

玄の熱心な働きかけにより、役所はすぐに動き、やがて生まれた子どもは施設に預けられた。

その後、数日して私は尋ねた。

「生まれた子どもを見にいったりするんですか？」

すると、彼の眼がとたんに醒《さ》めた。

「なんで？……なんで俺がいかなあかんの？　俺の種《たね》やないし、関係ないやん」

5

一九六〇年代の大阪。朝刊を自転車に積んだ小学校四年生の玄が、朝もやのかかる街を駆け抜けていく。

「おう。サクターっ！」

広場で猫の皮を剝《は》いでいる中年の男に大声で呼びかけるが、そのやせぎすの男は聾啞だ。玄の声には気づかずに熱心に手元に目をやっていた。

玄は、その男に気づかれなかったことなど一向に気にする様子もなく、前を通り過ぎると、家々に新聞を投げ入れていった。

玄は一度で配達先を覚えた。学校の勉強についてはさっぱり要領を得なかったが、仕事については抜群《ばつぐん》に呑み込みが早かったのだ。まるで狩猟する部族が一度で道を覚えるように、彼にとっても、何事も一度で覚えることが生きていくうえで必須だった。

父親に連れられて転々とした家では、家事をこなし、子守をすることが、虐待を避ける唯一の方法だった。常に人の顔色を読み、自分が何をすべきかを読む。まごまごしてはいられない。必死になってその環境になじんだ。

〈死ぬのは簡単。だが、生き抜くのは難しい。だから生き抜いたろ。生き延びたろ〉

そう思ったのは、小学校二年生のときだった。

小学校四年生になるころには、どこかの店で食べ物をくすねて食べるのが日常になっていた。

高度成長期を経て、街は豊かになっていったが、彼はひとり、文明社会の中で狩猟生活をしていたようなものだ。狩りをするなら当然取りやすいところから取る。

隣町で年寄りが小さな店をやっているようなところや、警備員も雇えないような零細の店を狙った。

ある店で玄がものを盗ると、足の弱った店番の老婆が、怒りと悲しみの入り混じった形相《ぎょうそう》で玄をにらみつけながら、よろよろと追いかけてきた。

玄はそれを振り切って走った。みるみるうちに背中の曲がった老婆の姿は小さくなり、消えていった。

「楽勝やで」

彼にとっては、安全なところで狩りをしていただけのことであるという。

転校した先でいじめにあえば、相手の隙《すき》をついて、容赦のない報復を加えた。あるとき、三重の小学校で、執拗《しつよう》に手を出してきた男子生徒の頭を摑むと、そのまま壁際に連れて行った。そして、「あっ」と男子生徒が声を出す間もなく、次の瞬間にはザラザラとした壁に顔を強く押し当て、一気にザーッと引きずり倒した。誰も気がつかないぐらいの、ほんの一瞬のできごとだった。

玄が力を緩めると、ドサッと相手の子どもが崩れ落ち、その子の顔から大量の血が滴《したた》り落ちた。

クラスじゅうから悲鳴があがる。その悲鳴が尋常ではないので、相手の男子生徒の顔をよく見れば、そのあごのあたりにできたピンク色の傷口は、皮と肉がえぐれて、白い骨がのぞいていた。

同級生たちはみな、ヒッと息を飲み込んで後ずさりすると、「こいつ、気ちがいやで」と、口々に囁いた。

そして転校してきた玄に、それまで優しい態度をとっていた担任までが、相手の男子生徒を介抱《かいほう》しながら、怖れと蔑《さげす》みの入り混じった目を玄に向けた。担任はかすれた声でこう言った。

「なんで？　なんでここまでせなならんの？」

しかし、玄には露《つゆ》ほどの罪悪感もなかった。むしろ玄は恐れられて本望と思っていた。

玄はクラスの全員を睥睨《へいげい》しながら、心の中でつぶやいた。

〈これで、誰も俺をいらわんな〉

世間の常識からみれば、当然忌むべき行為である。だが、道徳観や倫理観で、理不尽な痛みから逃れることはできなかった。自分が生き残るための、自分自身の規範を見つけなければならない。

そもそも自分を生かすことのできないルールに従う必要などないと玄は思っていた。

〈この世の中のルールだって、しょっちゅう変わっとるやないか。いいも悪いもない。生きていかなならん。現にこの日本だって、太平洋戦争中は、人を殺せば殺すほど褒められる世の中やったはずや〉

こうやって一度戦えば残忍な方法も厭《いと》わない玄だったが、彼には彼なりの仁義があった。

彼は自分からは決して喧嘩をしようとしなかった。売られた喧嘩もよほどのことがなければ買うことはなかった。何しろ彼のプライドは容易に傷つかなかったのだ。

たとえけがをしても彼はひとりだった。いつものように家を追い出され、寒空の下で寝ても、心配し、迎えにきてくれる者は誰も現れない。

とっぷりと暮れた夕飯時の滑り台の下で、学校から借りてきた本を読んだ。かじかんだ小さな手は乾いた血で黒く汚れていて、ページをめくるたびに、茶色い指紋がついた。むきだしの足には大小無数の皮下出血のあとがあるが、もう見慣れてしまって、本人は気にもしていなかった。

膝に置いた本は外気の冷たさをほんの少しだけ防いだ。紙さえ、わずかにあたたかい。『ガリバー旅行記』『ロビンソン・クルーソー』『シートン動物記』。ページさえ開けば、そこには想像の国があり、冒険の旅があった。読み終わると、薄汚れた体を丸めて体をあたため、何も食べるものがなければ、いつものように水道の水で腹を満たした。

自己憐憫《れんびん》に浸《ひた》る暇などない。盗んでものを食べなければ、栄養失調で病気になるか、餓死するだろう。集団に暴行されれば、医者にも行けず丸まって治すしかない。

だから玄の目は、いつもギラギラしていた。ひとりで食べものを盗み、やられたらやりかえす。彼には彼なりの大義があったのである。

彼は当時を振り返ってこう言う。

「生きるためにものを盗って何が悪い？　何もしなければ死ぬだけだ。社会道徳も、倫理も、何ひとつ俺を守ってくれなかったよ。俺はひとりで、野生動物のように食べ物を得て、独自のルールを作って生活していたんや。そうする以外、生き延びるために何ができる？　だからええんや。何ひとつ後悔なんかしてへんよ」

だが、ある日こんなことがあった。

継母の暴力に耐えかねて、何度目かの家出をしたときのことだ。暗い公園でひとりで寝ていると、見知らぬ中年女性が近づいてくるのが、街灯の灯りでぼんやりと見えた。何事かと思っていると、その女は滑り台の下の玄を見下ろして、何かを言いたそうに笑みを浮かべた。そして、次の瞬間、がま口を開くと、中から一枚の硬貨を取り出したのだ。

百円玉だった。それは街灯に照らされて、白く光った。

それを玄の前に差し出すと、「かわいそうにな、これで何か食べ」と言って、玄の手に握らせたのである。

玄は硬貨を手にのせたまましばらく固まった。

店で平気でものをくすねる玄だった。時には車上荒らしもした。だが、金を握らされた玄は、薄暗い公園の隅で、握りしめた拳をぶるぶると震わせた。

そして玄の心のうちなど知らず、満足げに帰っていく見知らぬ女の、愚鈍《ぐどん》な後ろ姿を見送りながら、腹の底で思っていた。

〈なんで？　なんで銭を恵まれなあかんの？　おれ、物乞いとちがうで。こんなことをされたら崩れてしまうねん。俺の今までのことが全部崩れてしまうねん〉

女は大きな思い違いをしている。自分は哀れなどではないのだ。自らのルールに則《のっと》って、己の力で命を成り立たせてきた。一般社会のルールに照らしてどう見られようと、彼には彼なりの確かなルールがあったのだ。

心の中では、彼はたったひとりの帝国の、たったひとりの王だったのだ。

同じ地域の同じ時代に生きていても、この少年が別のルールで生きていることが、この女には見えなかった。きっと、女にはこのちっぽけな国のルールに外側の世界があることなど想像もできないに違いない。

この女性の行為が玄の誇りを傷つけた。大人になった今でも、彼はくっきりとその悔しさを心に刻み付けている。長じてからの彼は、どんなに悲惨にみえる相談者に対しても、みじんも同情心を見せることはなかった。

玄はこう言うのだ。

「もし一度同情するなら、ずっと面倒みてくれ。こっちが頼ったら、必ず助けてくれ。できへんやろ？　できへんのになんで中途半端な同情するんや。どんだけ残酷か、よく考えてみたらええ」

聞く者の心を揺さぶるような、低くうなるような声だった。

子どものころの玄が、最も望んでいたのは「自由」だった。万引きをして捕まれば、警察から連絡が行き、父親が迎えに来る。いつもは子どもがどうなろうと知ったことではない父親も、警察の呼び出しには出てこざるを得なかった。

警官の前では平身低頭の父親も、ひとたび家に戻れば玄にすさまじい暴行を加えた。足で蹴りつけられれば、小学生の体など部屋の隅まで吹っ飛び、壁に激突して崩れ落ちる。大人の力は圧倒的で、小さな誇りも、仁義も、本の中で奮い立たせた冒険心も何もかもを木端微塵《こっぱみじん》にするには十分だった。

ドスン、ドスンと蹴り飛ばされ、ベルトのバックルで、気が遠くなるまでしたたかに打ちつけられた。

頬が、ももが、やけどのように熱く傷む。父親の振り上げたベルトが、天井に吊り下げられた裸電球に当たり、父親の影が古い壁の中で大きく揺れた。

玄の見ている世界は弱肉強食そのものだった。店番の老婆や、学校の同級生は玄にとっての弱者、そして父親は強者だ。

盗まなければ死んでしまうという玄の切実な動機など、一切斟酌《しんしゃく》されはしなかった。もちろん、教育的な配慮はみじんもない。父親は、警察に呼ばれたことに憤激し、足手まといの子をひたすら打ちすえるだけだった。

父親の前では無力だった。腹に蹴りが入らないように、ひたすら体を縮めて横たわるだけである。背中が腕が、蹴り飛ばされるたびに衝撃を受けた。さらに、髪をつかんで畳の上で引きずられた。そのたびに幼い肌に、無数のすり傷ができた。

暴行を加えられている間は、何の感情も湧き上がってはこなかった。ただ大嵐の中の小舟のように、ひたすら時間が過ぎるのを待っていた。

そして夜になり、圧倒的な暴力が去ったあと、父親と継母、そして妹たちが家族として仲良く寝入っているその部屋の隅で、玄の心の中に去来したのは、自由への希求だった。

〈早く大人になりたい。どんなことをしようが、親に打たれないだけの自由がほしい〉

玄の精神はいたって丈夫だった。父親に暴行を加えられたことなど、即座に忘れられなければいけないほど生きることに必死だったのも、彼の精神衛生にとってはよかったのかもしれない。

だが、体は正直だった。ある日、玄の隣で小便をした同級生がすっとんきょうな声を上げた。

「秀ちゃんの小便、血が出とる！」

玄は、その子の驚いた顔を見て、自分の小便を見つめた。血が混じっていて当然だと思ったのだ。

〈オレの体、おかしかったんか〉

心よりも先に体が悲鳴を上げていた。玄は小学校五年生になっていた。

6

二〇〇七年のある日。「玄さん助けて。誰にも言えない」

ひどく取り乱して駆け込み寺に入ってきたのは二十代の会社員だった。彼女が悩んでいたのは、ある男のストーカー行為だ。

ストーカー規制法が施行されたのは二〇〇〇年。ストーカー行為は表向き法律で規制されることになった。しかし、恐怖にコントロールされて、女性が泣き寝入りしている場合も多く、ストーカーはなくならない。

相談者は四十代の男性と援助交際をしていて、過去数年にわたり金をもらっていた。援助交際といえば、言葉はカジュアルだが、内実は売春行為である。

男は会社社長だったので、彼女に渡す金が使途不明金になるのは避けたい、表向きは金を貸したことにしてくれないかと言い募《つの》り、彼女に毎回借用書を書かせていた。彼女は単なる便宜上の事務手続きだろうと、気軽に借用書にサインをし続けた。

ところがある日、彼女に新しい恋人ができた。そこで援助交際をやめたいと切り出すと、優しかった男は激怒した。男にしてみれば、これだけ金をつぎ込んでやったのに虫のいい話だということなのだろう。

「きれいに別れられると思うなよ」

男は相談者に脅迫メールや、裸の写真を送り付け、執拗なストーカー行為をはじめたのだ。

だが、女性は警察に相談するのをためらっていた。

表向き彼女は借金をしていることになっている。しかも売春をしていたという後ろ暗さもあった。

「金を返してくれ」

しかしその陰では、「裸の写真を近所にばらまくぞ」「金を返さなければ殺してやる」と脅した。特に彼女にとってつらかったのが、「お前の男にも同じ写真を送ってやる」という言葉だった。

「玄さん、どうしたらいいですか？　もう私は逃げられません」

相談者は憔悴《しょうすい》しきっている。

「無理なんて思ったらあかん。絶対に方法はある。あんたに覚悟があるならな」

「覚悟？」

「そう、覚悟や」

「覚悟って言われても」

裸の自分を写真に撮らせた軽率な過去を、消せるものなら消してしまいたいと彼女はうなだれた。

「あんた長年つきおうてきたんやろ？　相手の心理を読め」

「そんなこと言ったって。わかるのは、あの人はしつこいということだけ。きっとずっとつきまとわれる」

女性の顔がゆがんだ。

「もう破滅です。私、そんなお金払えないし、彼にも私のしたことがばれちゃう。会社も辞めなくちゃいけないし、一生結婚できないかもしれません」

話せば話すほど、彼女は自分の言葉に追い詰められていく。

「脅迫メールはまだ来るんか？」

「ええ」

相談者はバッグを探って中からピンクの携帯電話を取り出すと、ネイルを施した指先でそれを開けた。

「これ……」

そこには男の怒りにまみれたメールが入っていた。

「お前が援交していたのを会社の上司にばらしてやる」と書かれている。

それをのぞき込んで、玄はほくそ笑んだ。

〈なんや、援助交際と認めて、証拠残しとるやないか。所詮ワルっていっても、この程度のシロウトや。この男もヘタ打ったよなあ〉

「大丈夫や。いざとなれば俺がケツとったる。ここは強く出ろ。で、借用書の内訳は？」

「これです」

彼女の差し出した明細書を見ると、十万円、十万円、と定期的な日付が書かれていた。それが数年分である。

玄はこれを見てうなずいた。

「見てみい。援交という文字が携帯に残されとる。あんたの写真を送ると脅迫もしている。それにおかしいやろ？　定期的にお金があんたのところに渡っている。ちょっと、考えてみ。なんで古い借金を返してもらってない？　普通に考えたら、援助交際の手当てと考えるのが自然やろ」

「ああ、ほんと。そうですね……。でも、警察にこれを持っていったら私が売春で捕まっちゃう。それに男が逆上して、私の写真をばらまいたら」

玄はこう言った。

「最悪の事態を想像させて恐怖を与えるのがワルの常套手段や。その手に乗ったら、あんたの負け。あんたな、これからずっとこの男に脅迫されて過ごすんか？　そうやってずっと男の奴隷か？　相打ちになるぐらいの覚悟を持つんや。弱者のままでいたらあかん。何より大事なのは自由やで」

「自由……」

「そ、自由や。ビクビクおびえながら彼氏と付き合っていても、生きた心地せえへんやろ。出るところに出る。そんな毅然《きぜん》とした態度が必要や。な、自由に生きたいやろ？」

相談者はしばらく沈黙していた。彼女に選択肢はふたつある。もし、警察に行き、男が逆上して写真をばらまいたら、社会的信用も今付き合っている男性も失うかもしれない。しかし、もしこのままならいつまでたっても脅しはやまず、いずれセックスまでも強要されるだろう。そしてまた脅しの材料が増えていく。

相談者は顔を上げた。

「私やります。このまま脅されてても生きている気がしないし」

「そうや、その覚悟や。そういう気持ちがあれば大丈夫」

相談者はその足で交番にまっすぐ行き、被害届を出した。私には一《いち》か八《ばち》かの賭けに見えたが、結局彼女は勝った。

警察に被害届を出さないと男はタカをくっていたのだろう。慌てて警官の前で女性に近づかないことを誓った。女性は売春行為について罪を問われることはなかった。彼女は借用書を返すことを条件に被害届を取り下げたのである。

しかし、彼女を警察に行かせるのは危ない賭けではなかったか。万事うまくいったからよかったようなものの、もし男が逆上して彼女の人生が台無しになっていたら、と思うと危ない橋を渡らせたとも思える。

玄にそう尋ねると、「ここを使わんとな」と、玄は頭をトントンとたたいた。

「相打ちになって、損をするのはどっちだと思う？　女は一介の会社員。それに比べて男は会社の経営者や。しかも大概は男のほうが社会的な地位に対する執着が強い。となればダメージがでかいのはどっちや」

「ああ」

「そう、自分が若い女を脅していることが明るみに出る男のほうが、はるかにダメージが大きいわけや。相手は自分の地位を捨ててまで、女に嫌がらせはせんやろ？　な、相手の心理を読まな。一番弱いところを見抜く。それがコツやで」

「相手の心理ですか」

彼は駆け込み寺を開設する前に、いったいどんな人生を歩んできたのだろう。一生を通して、誰かに脅されたこともなければ、ゆすられたこともない多くの人々には、想像もつかないような交渉術を身につけ、慣れた手さばきで解決する。頼もしいと思うのと同時に、彼の生きてきた闇の世界を、ほんの少し垣間《かいま》見るのだ。

男と女。立場が違えば、この世の中は違って見える。私にはもうひとり、忘れられない相談者がいる。

新宿救護センター、通称歌舞伎町駆け込み寺は、大久保公園の向かいに位置しており、緑の扉を開けて入ると、明るいカフェスペースになっている。奥には受付があり、柄の大きな四十代の男性小林と、若い女性スタッフ、ヤスヨが座っている。

奥には事務所があり、事務担当の五十代の女性と、私がそこにいる。

昼時には、ランチを出す食堂に早変わりし、コックのケンゾーが腕を振るう。週に数度は、六十代の女性が手伝いにきた。そこには、おいしいものを目当てに常連の人々が集ってくる。まるでホームドラマのワンシーンのようだった。

雑居ビルの一室に事務所があったころを記憶している者には、ずいぶんイメージが違って見えるだろう。今の駆け込み寺は、公共施設のラウンジといった風情だ。

この日この駆け込み寺にやって来るのは、もうすぐ六十になろうとする初老の男性だった。

玄秀盛は腕組をして、じっと窓の外を見つめていた。そこには公園の深い緑色をした樹々が見える。夏の終わりのことだ。

普通なら、玄はこうやって人を待ったりはしない。ただならぬ雰囲気に、いったいどのような人物が現れるのだろうかとスタッフ一同なんとなく緊張した空気に包まれていた。

だが扉を開けて入ってきた男は、貧相《ひんそう》といってもいいぐらいの小男だった。おどおどし、顔色も土気色《つちけいろ》をしていて目が落ち窪《くぼ》んでいる。どこか遠いところを見ているような焦点のあわない目をして、入り口のところでぼんやりとたたずんでいた。

あとになって玄はこう言っている。

「ヤクザより、普通の人間のほうがよっぽどこわい。ヤクザはいい。だいたいの予測がつくからな。でも、普通の人間は追い詰められると何をするかわからん。一見善良そうな臆病な男が刃傷沙汰を起こすんや」

玄は男を見ると、つかつかと近寄った。

「おう、こんにちは。太田さんやったかな」

大きく快活な声で玄が声をかけると、太田と呼ばれた男は玄に顔を向け、うなずき挨拶をした。

「よく来たなあ」

玄は、彼が手に提げていた黒いバッグをつかむと、

「なあ、太田さん。ちょっとこれ見せて」

と、言ったときには、もう玄はバッグを持っていた。

男が狼狽《ろうばい》するのもかまわず、床に置いてそれを開けると、中から刃渡り二十センチ以上の牛刀がごろんと出てきた。かなりの存在感がある。

「うち、刃物持ち込み禁止なんやで」

玄が冗談めかして笑うと、この気弱そうな男は体を硬くした。

「ちょっと預からせてもらうわ。ええな？」

男が小さくうなずく。

「おい、小林」

受付のスタッフ、小林が、

「はい、はい」

と温和な表情を崩さず二人に近づくと、そのかばんを玄から受け取る。

「ちょっと、私が預かっておきますね」

にっこりと笑い、奥へとさがっていった。

玄は一瞬、複雑な表情を浮かべて男を見る。

「ゆっくり話を聞こか」

「はい」

男は頭をたれて、その場にうずくまった。

その後相談室に入った男は、机を挟んで玄の前に座ってじっとしていた。

「で、どうしたん」

「はい……」

喋ろうとしない男に向かって、玄は話しかける。

「人生なんでもありや。俺のことテレビで知ったんやろ？　俺エグいことなんでもやっとんやで。だから、あんたが何しようとしても驚かん。遠慮はいらんから、思ってること話してみ」

こっくりとうなずくと、今までの経緯を話しはじめた。

男はある会社の部長クラスで、そのときは別会社に出向していた。年下の妻と二十歳を過ぎた娘がひとりいて、娘のほうは結婚してやっと片づいた。金もある程度持っていたし、子育てからも解放された。仕事も出向先で比較的楽な仕事についている。働きづめの日々からほんの少し解放された、と男は思った。

そんなとき、ふらりと寄った飲食店である女と知り合った。女は三十代。すぐに意気投合し、男女の仲になるのに時間はかからなかった。

男は五十代で本当の愛を見つけたと思った。いつも代わり映えせず、くすんで不機嫌な妻。それに比べて、女は明るく肌つやもよく、いい体をしていた。いつも自分を尊敬し、いたわってくれる女は、まさに夢の女だった。そして、いつの間にか何よりも大事な存在になっていたのである。

客観的に見れば、男は単に色欲《しきよく》におぼれたのだ。老いらくの恋は傍《はた》で見ている分には哀れで滑稽《こっけい》ですらあった。始末の悪いことに、当の本人には溺《おぼ》れたという自覚はまったくない。彼なりの純愛だったのだ。

そのうち男はマンションを借り、女を住まわせることにした。彼はサラリーマンだ。女を囲うだけの財力はない。そこで老後のためにと夫婦で積み立てた預金を少しずつ崩した。

異変を知って妻は激怒した。だが男は、妻が怒ろうが泣こうがこの女にいったい何ができるのかとタカをくっていた。なにしろ妻は専業主婦だ。いまさらホテルの清掃や、スーパーのレジ打ちで生きる覚悟もあるまい。

妻も最初は泣いたり騒いだりしたものの、結局のところ、男の勝手を見て見ぬふりをするほかはないようだった。

すべてが彼の思惑《おもわく》通りうまく行っていた。家庭、仕事、夢の女。彼は全部を持っていた。

ところが男に、思いも寄らないことが起きる。不況のあおりで、男の会社が彼の出向先を見限ったのだ。出向先の会社は潰れ、男は早期退職の憂き目にあった。次の就職先は決まらず、彼は無職になった。

妻が夫の横暴に耐えてきたのは、ただ生活費のためだった。男が退職してしまえば一緒にいる理由は何もなかった。妻は離婚を切り出した。

いまさら離婚を思いとどまらせる言葉もなく、退職金の半分を妻が持っていった。そしてそれを機に娘とも絶縁状態となる。

〈だが、俺にはあいつがいる〉

男は女の愛を疑っていなかった。しかし、錯覚はしょせん錯覚。マンションに帰ってみると、ひとつの家財道具も残さず、女はいなくなっていた。さらに女に貸した金は五百万円。妻とふたり、穏やかな余生を送るための金だった。質素に暮らし、たまに嫁に行った娘夫婦とともに家族旅行をする。そのために、コツコツと若いころから貯めた金だった。

男は、家族を失い、仕事を失い、夢の女を失った。彼女の友人を探し出して問いただすと、彼女はこの歌舞伎町のどこかにいるという。ホストと暮らしているはずだとも聞いた。彼女は、若いホストに男の金をつぎこんでいたのである。

まさに、因果応報。男は女にしてやられたのである。それ以来、男は歌舞伎町をさまよっている。頼むから金を返してもらいたい。ただ、金を返してくれればいい。もしそれが叶わないのなら、その女を殺して一緒に死ぬつもりだった。

そして男は、玄秀盛に、女から金を取り戻せないかと相談に来たのである。

「本当のところ……」

玄は、男を見据えた。

「あんたがほしいのは、女かい。それとも金かい」

男は、玄の眼光に射抜かれて、下を向いた。

「女です。女に帰ってきてもらいたいです」

「それは、あんた無理やで。あきらめな」

「でも……」

「あんた、自分の姿、鏡に映したことがあんのん？　加齢臭までしそうやで。あんたは、金のために女に使われたんや。でも、スケベ心起こしたのはあんたやろ。もう、あきらめな」

「でも、じゃ、お金は」

「無理や、戻ってこん」

「助けて、いただけないでしょうか。助けて、私を助けて……いただけないでしょうか」

玄は、その男をじっと見た。

たぶん男は自分の中の殺意と闘っているのだ。女の居所《いどころ》を知ったところで結局は、自分とその女、すべての関係者を不幸にする。

　玄の歌舞伎町駆け込み寺の一番の特徴は、被害者だけではなく、加害者になる可能性のある人とも話をすることだ。玄は、日ごろから思っていた。被害者をケアしただけでは根本的な解決にはならない。だから被害者の女性が逃げるときには、必ず駆け込み寺のパンフレットを加害者のところへ置いてくるように指導した。そして怒鳴り込んでくる男と話し、男の胸のうちを聞いてやった。被害者だけではなく加害者のケアをする、このような場所は日本にはない。

　加害者は玄に心を開いた。それは加害者への先入観や処罰意識がなかったからだろう。玄には加害者の気持ちがわかっていた。加害者には加害者の言い分がある。それを誰も聞かないので、憎悪が膨れ上がり暴力へとエスカレートする。

　玄は信じていた。ひとりの加害者を救うことが被害者を救い、加害者の家族を救い、そのほか大勢の関係者を救う。加害者と被害者、その両者をケアすることでしか、その争いの全体像は見えないのだ。

「あんた、その女と一緒に死ぬ気やろ？　アホするのやめとき。よし、生きたろ。その女より何倍も自由で愉しい人生生きたろ、そう思ったらええんと違うか。どうせホストと一緒になった女なんていつか捨てられるわ。女に捨てられたあんたみたいにな。そうやってぐるぐる回るんや。後ろを振り返ったらあかんで。あのとき、ああだったら、なんて無意味や。意地でも後ろを振り返らん。そう自分に誓うんや。前へ、前へ歩いていき」

「でも……でも……」

「執着捨てられへんのやろ？　だから、俺のところに助けを求めにきた。もう、いいんとちがうか？　夢の女と夢のような生活ができた。十分とちがうか。もう、先へと行かな。な？」

男はいったんうつむくと、しばらくしてヒィという小さな叫びを上げた。そして次にはおいおいと泣き始めた。

「あんた、ひとりでいると、ろくなこと考えんやろ？　気持ちが吹っ切れるまで、俺のところに来て、ゴミでもひらっていくか？」

その男は、泣きじゃくったあと、しゃくりあげながら、

「はい……」

と答えた。

そして、それから男はおとなしくセンターに来ると、緑色のウィンド・ブレーカーを着て、黙々と前の道のごみを拾って歩いた。胸中何が去来《きょらい》していたのかわからないが、彼の姿はまるで修行僧のようだった。見た目どおり生真面目《きまじめ》に生きてきた男だったのだ

ろう。夏には深い緑だった桜の樹が秋になると色づき、枯葉《かれは》が散る季節になると拾うものは多くなったが、男はかえって嬉しそうだった。

それは三ヵ月ほど続いただろうか。彼は、ある日もいつものように、

「終わりました」

と言って、ウィンド・ブレーカーを淡々と返しに来て、そしてふっつりと姿を見せなくなった。きっと彼なりの折り合いがついたのだろう。

玄は言う。

「被害者とか加害者とか何やろうな。悪とか善とか誰が決めるんやろ。ただ他人が見て、あれは善や、あれは悪やと決めとるんやろ。でも、誰でも持ってんねんで、善も悪も。ただ、そこらへんの奴は、自分の悪には気づいてないだけやねん。そして誰もが自分は悪くない、いい人間やと思いながら人を傷つけんねん。そやろ？」

私は黙ってうなずいた。

7

ある暑い夏の日、上品な若い女性が玄のもとを訪ねてきた。細身の女性で歳は二十代後半。白いハンカチを顔に当てて汗を拭くしぐさはとても清楚《せいそ》で、いい暮らしをしているように見え、この女性がどんな悩みを持っているのかうかがい知ることができない。

だが、彼女は目の周りが痩せていた。玄は悩みをかかえた人間特有の顔相を知っている。顔というものは本人が思っているよりずっと正直で、表情や身のこなしが醸《かも》し出すその人間の本質がわかるという。

玄はいつものように奥の相談室に彼女を通すと、困ったようにしてうつむいて座る女の向かいに腰を下ろした。

「どうしたん?」

「はい、実は人を捜してほしくて」

「どなたを？」

「夫が帰ってこなくて」

「なんでまたうちに？」

「あの、この界隈は詳しいとお聞きしたものですから」

「ああ、なるほどな」

玄は、以前探偵業もやっていた。いわば人捜しのプロである。今ではほとんどないが、以前は例外的に実費で引き受けることがあった。

自分の夫はこの歓楽街のどこかにいる。そう妻はあたりをつけていた。

三ヵ月前、いつものように会社へと出かける夫の背中を見送った。ありふれた一日の始まりだ。夜になれば当たり前のように帰ってくることを疑いもしなかった。

都内の有名大学を出て自動車会社の営業をしている。彼は大学の在学中、柔道部にいた。上背もあり筋肉は張っているタイプだ。しかも決して悪くはない容姿をしている。エリートでスポーツマン。結婚相手としては何の不足もない。

三年前に結婚。まだ子どもはいなかったが、それなりに幸せだったはずだ。少なくとも彼が忽然《こつぜん》といなくなるまでは。

「行ってきます」

そう言って出かけるスーツ姿の背中を見送ったが最後、連絡もなく行方知れずになってしまった。警察には家出人捜索願いを出したが、それから何の連絡もない。そうやろ、と玄は思う。事件性がない限り、家出ぐらいで警察は動かない。

出て行く前、夫の様子にはまったく変わりがなかった。会社での様子も特に変わったところはなかったという。いつものように仕事が終わり、会社を出て、そしてそれっきり出社しなかった。

「なんでこの辺りなんや？」

「夫を見たという人がいるんです」

「ほう」

そこから、妻は口ごもる。玄はその一瞬の躊躇《ちゅうちょ》に相談の本質を見た気がした。

「どこで？」

「彼の会社の同僚が教えてくれたんです。うちの人が二丁目にはまってたって。最初は会社の接待で、興味本位で行ったらしいんです。でも……」

「女か」

「いえ、あの……」

「男か」

「ええ。まあ」

消え入るような声で彼女は認めた。

彼がはまったのはゲイバーだった。玄は、今までそういう男をたくさん見てきた。もしかしたら彼女の夫にとっても、ゲイの世界との出会いは、今までの人生を覆《くつがえ》すほどの出来事だったのかもしれない。

ゲイ同士の精神的なつながりは強い。だが、ここに相談に来るのは、むしろ肉体から入っていった男たちだった。性的快楽が入り口になって、いつの間にか社会との折り合いがつかなくなってしまうのだ。男たちは、男に感じてしまった自分に恐れおののき、今まで心の中にあった社会通念と相容れない自分自身を許すことができない。心は引き裂かれ、パニックを起こし、いつか社会にばれるのではないかと恐れる。しかし、一方で自分の中に眠っていた感情に気づいてしまったら、再び眠らせておけなかった。

男は女とは比べ物にならないほどアレがうまいと玄は言う。

「男は男の生理を知り尽くしてる。どこをどう刺激したら男の身体が反応するかわかっている以上、女はとてもかなわんわな」

説明しなくても理解してくれて、自分の一番欲しいものを与えてくれる人間を見つけてしまったら、それは運命とさえ感じるものなのだろう。

やがて男たちはひとつの選択を強いられることになる。同性愛を受け入れて生きていくか。そこから離れるか。

彼女の夫はゲイの世界を選んだのだ。そして今までの生活を捨てた。

「男か。そうすると復縁は難しいで」

恋敵が女であるなら戻ってくる可能性もある。しかし相手が男性となると、復縁できる可能性はぐっと低くなる。

妻はその言葉を聞くと一瞬苦しい顔になったが、ふっとため息をつくと表情が緩んだ。もう覚悟はできているといった顔つきだった。

彼女はぽつり、ぽつりと夫が失踪してからの自分の生活について語りはじめた。

この数カ月、彼女には期待と絶望が数時間ごとにくるくると色を変えて訪れていた。きっとあの人は帰ってくるはずだ。いや、もう帰ってこないのだ。明日になったら帰ってくるかもしれない。いや、もう期待するのはよそう。でも、もしかしたら……。堂々巡りだった。

気晴らしにと勤めはじめても一度その思考パターンにとらわれると、そこから抜け出すことが難しい。

毎晩夕食を作り布団を敷く。そして朝になれば隣に彼が寝ているかもしれないという淡い期待を抱きながら眠った。だが、朝に残されるのは、人のいた形跡のない、もう一組の布団だった。

失望と期待の果てに彼女はぼんやりと悟るのだ。夫はきっともう帰ってこない。

それでも捜さずにはいられなかった。

最初は失踪の動機がそれとはとても思えなかった。夫には、同性愛の気配などみじんもなかったからだ。前の彼女とどう別れたかも知っている。そう、前の人も女だったのだ。セックスはきちんとあった。確かに最近は回数も減っていた。だが、それは忙しかったから……。

だからといって、女と蒸発したとも考えにくかった。自分は勘がいいほうだ。女の影があったら、きっとすぐに気づくだろう。

日に日に、失踪の理由は他に見当たらないという事実に押しつぶされそうになる。彼は本当にゲイになってしまったのか。しかし、もし本当に夫がゲイの世界へと足を踏み込んでいるとしたら、帰ってくるだろうか？　思考は彼女をどんどんネガティブな方向へと連れて行く。

だからむしろ、目の前にいる玄の直截的なものの言い方が心地よかった。妄想はもうたくさん。現実が知りたい。知って楽になりたかった。

「たしかに夫は帰ってこないかもしれないですね。でも、こんな状態で待っているよりは、はっきりさせて次に行きたいんです」

〈次に生きたい〉と玄には聞こえた。

「わかった。でも、期待せんとってな。新宿は広い。店もたくさんあるしな」

妻の顔に安堵《あんど》の表情が浮かんだ。

「よろしくお願いします」

女は深々と頭を下げた。

玄はゲイにも深い人脈があった。彼らのきずなは、外側からうかがい知ることができないほど強いことをよく知っていた。

知り合いのゲイに写真を見せて、「こんな人知らんか？」と言っておけば、あらゆる方面から情報が入ってくるはずだ。玄は過去に探偵二十名ほどを束ねるネットワークを持っていた。その当時の探偵仲間からの協力も取りつける。聞き込みするたびに、ポケットから夫の写真を取り出す。何枚か預かっていたうちの一枚は、たぶん新婚旅行の写真だろう。どこかのリゾートで、夫婦は仲良く腕を組んで笑っていた。

今まで数多くの相談者を見てきた。相談はみな同じだ。かつて自分に幸福をもたらしたものが、裏を返したように今、彼らを苛《さいな》んでいる。それは、金であり、職業上の名誉であり、女であり、男だった。そうであるなら彼らの幸福は砂上の楼閣《ろうかく》で、何の足場にもならない幻だったことになる。

玄は駆け込み寺を開設する際、家族も金も地位も全部捨ててしまった。大多数の人間にとっては、それは捨てようにも捨てられないものだ。

もともと無だった自分が、再び無に還るなど造作もないことだ。

だが、世間一般は違った。すべてのものはいずれなくなってしまうというのに、あいも変わらず、そのあやふやなものにすがりついて生きている。誰もが孤独に弱く、必死に守ろうとする。大の大人が必死にしがみつき、それが損なわれると玄の前で臆面《おくめん》もなく泣いた。

「あんたたちはアホやな。その弱さが、泣き所になるのがわからんのかいな」

玄は、時折相談者にそう語りかけた。

〈いや、わからんのやろうな〉

だからこそ決着をつけたいと思う相談者の力になってやりたい。

玄は、ポケットに写真をしまった。

それから数週間後、ゲイバーに勤める知り合いから、ひとつの情報が寄せられた。それらしい人物がある店で働いているというのだ。

最初は探偵の友人がその店を見に行き、玄はセンターで待機していた。

だが数時間後、友人は首を振って戻ってくる。

「だめだ、いなかった」

玄はそれに対して疑問を抱く。

「ほんとに、おらんかったか？」

少し恰幅《かっぷく》のいい探偵は、間違いないとうなずいた。

「じゃ、確かめに行ってみよか」

玄はもう一度自分の目で確かめなければ、納得できなかった。

探偵と連れ立って店の前に行き、出入りする男女をじっと見ていた。店の看板が灯る入り口で、ダウンライトに照らされ、人々の顔が青白く見える。

そのとき、玄ののどから声が漏れた。

「なあ、いたやないか」

あごをしゃくって、玄が指したその先に、写真とはまったく異なる風貌の「女」が立っていた。

探偵は写真と比べて絶句する。玄は長年の勘で知っていた。ほかのパーツが変わってしまっても、目元の印象だけは不思議と変わらないものなのだ。げっそりと痩せ、髪を伸ばして花柄のワンピースを着て、ピンヒールで立っている夫を見て、この男がもはや新婚旅行で微笑んでいたカップルの片割れではないことを悟った。

玄は軽い身のこなしで彼女に近づくと、なるべく驚かさないように声をかける。

「あんた、○○さんでしょ？」

女は玄の顔を見た。近くに寄ってよく見れば、念入りに施《ほどこ》した化粧の下に、玄が懐《ふところ》に入れていた写真の顔があった。ひげがうっすらと伸び男性特有の大きな目鼻立ちはそのままだ。しかし、体重はこの三ヵ月間で二十キロ近く痩せたのではないだろうか。短期間でこれだけ痩せたのだ。よほど女になりたかったのだろう。

〈恋してんのやな〉

玄は相談にやって来た、この男の妻の顔を思い浮かべた。

「な、あんた。こんな生活するにしても、しないにしても、一度奥さんときっちり話しつけなあかん。あんたが突然いなくなって、奥さんは新しくやり直そうとしても、やり直せない状況にいる。あんたのお母さんも心配してるそうやで。いったん俺んとこ来て」

玄は、新宿救護センターの説明をすると、夫の肩を軽く押して歩くのを促した。そして、もう一方の手で携帯を取り出すと、妻にも電話を入れる。

「見つかったで」

「そうですか」

電話の向こう側は、もう何が起こるか覚悟がついてでもいるような、静かな口調だった。

センターの電気をつけ、夫を椅子に座らせる。

蛍光灯の灯りの下には、精一杯のおしゃれをした女がいた。元体育会のスポーツマンで、かつて良い息子、良い夫、優秀な営業マンだった夫が、背中を丸めてうなだれている。

「奥さんと、ちゃんと話さな、な」

玄がそう言うと、こくりと頭を下げた。

三カ月間どこにいたのかと聞くと、恋人と同棲を始めたのだという。彼にとっては、新しい自分の本当の新婚生活だったのだろう。もちろん黙って家族を捨てた夫の行為は非難されるだろう。だが、世の中にはどうしようもないこともある。夫が誰かを好きになったとして、それは誰のせいなのだろう。

タクシーの停まる音がして、妻がドアを開けて入ってきた。夏の夜の匂いがした。

妻は、夫とは対照的にジーンズにTシャツというラフな格好で現れた。夫の姿を見てもさほど驚かず、むしろ懐かしい友人を見るようにして少し疲れた顔で微笑んだ。

「こんなんなっちゃったのね」

「ごめんね」

夫は少し涙ぐんだように見える。

「あんたたち夫婦で少し話しな」

玄は、まるで姉妹のように見えるふたりを残して、奥の事務所へと引っ込んだ。

その後、ふたりがどんな話しあいをしたかはわからない。

だが、のちに妻は、離婚を決意したと連絡をしてきた。そして、こんな言葉を残している。

「こんなこと、まさか私の身に起こるなんて思いもよりませんでした。男に取られたのは、やっぱりショックでした。どっちでも同じでしょうけど、もし取られるならやっぱり女のほうがあきらめがついたかな。すごく悲しいけど、でも、現実が直視できてよかったです。おかげで先に進むことができました。ありがとうございます」

〈人間なんでもありやで。むしろ世間の頭が、現実に追いついていないんとちがうか〉。そう彼は言う。

カップルは新しい生活に向かって、それぞれ別の道を歩み始めた。だが、こんなことは日本のどこにでも起こっていることだ。特別でも、珍しいことでもない。玄に言わせるなら、すべては鼻クソのごとき小さな悩みなのだ。

別の日に、ドアを開けて入ってきたのは、カジュアルなシャツにチノパンをあわせた、しゃれた格好をした男だった。年は四十代なかば。年下の妻と、六歳、四歳の娘がいる。最近、日本に進出した外資系ベンチャー企業の社員だった。

さっぱりと手入れされた細面の顔をした人で、一見したところ成功したエグゼクティブの休日といった様子だ。歌舞伎町にある駆け込み寺に縁があるとは思えなかった。だがそれは偏見に違いない。当たり前だが、すべての人に、今日にも、あるいは明日にも、当人にさえ予測できないようなさまざまなできごとが起こる。

男女の愛憎、金、社会的立場、健康、家庭生活。それらへの執着が人を苦しめるとしたら、限られた者だけの悩みであるはずがない。誰にでも起こりうる、ありふれたことなのだ。大事に守っているものがあればあるほど、人は罠《わな》に落ちて抜けられなくなる。

玄の前に座ったその男は、他の相談者と同じように言いよどむ。

だが、玄と彼との間に起こる沈黙に背中を押されるようにして、ことの次第を話しはじめた。

「私は、中途採用で今の企業に入りました。といっても前の職場での仕事とは何の関係もない業種です。特にいい大学を出たわけでもない私が、なぜか有名企業に就職できました。しかも、アメリカからやってくる役員づきの秘書になれて最初は家内と喜んでいました。

引継ぎでは、前任者がさまざまなことを教えてくれました。スケジュールの調整、アポの取り方、会議前の準備の仕方など、必死になって覚えました。朝から晩まで忙しかったですが、充実した毎日で」

玄は、職についたいきさつをひとしきり聞いていた。

「ふーん、そりゃ出世やな」

玄が合いの手を入れる。

男は短く、

「はい」

というと、まじめくさった顔をし、少し表情をゆがめた。

「あの」

「で、今日は、仕事の相談か？」

「そう、ですね。厳密に言うとそうです」

「そんないい待遇のところへ、あんたのような、二流の学校を出た男が転職できるわけがない。裏があると、そういうことやろな」

玄がにやっと笑うと、男は傷ついたような顔をした。

「やっぱりそうですか。いや、そうですよね。最初に気づくべきだったんです」

細身できゃしゃな上半身を、椅子の背もたれに投げ出して、男は少し上を向いて小さなため息をついた。今、男の年収は一千万円以上ある。今までの職場より何百万円も高かった。

「何があった？」

「……」

玄は、うつむく男から目線をはずすと上半身をひねり、隣の部屋にいるスタッフに声をかける。

「おーい、ヤスヨちゃん。おいしいコーヒーいれたって」

「はーい」

という声が向こうから聞こえてきた。

男は頭を下げる。

「すみません」

「うちのコーヒー、ごっつううまいで。飲んでみ」

しばらく待っているうちに入り口から声がかかる。玄は身体を浮かせて二人分のコーヒーを受け取った。玄はおいしいものしか口にしない。生きていることの一番の喜びは、自分が心から望んでいるものをおもいきり楽しんで飲食することだと信じていた。コーヒーの香りが、相談室に立ち上る。ふたりとも黙ってカップを口に運んだ。

「おいしいです」

「せやろ。俺、コーヒー豆にはこだわってん。おいしいコーヒーしか飲む気せえへんのや」

男はカップをソーサーに戻すと、しばらく底に残った黒い液体を眺めていた。

「役員は」

「うん」

「アメリカから単身で日本にやって来ます。今まで三人来ていずれも白人男性でした。日本各地に出張する機会があって、彼らとは同行し一緒のホテルに泊まります」

そこまで言うと、男はカップの底に残ったコーヒーを飲み干した。コーヒーは周りにほろ苦い香りを残す。

「アメリカっていうのは訴訟社会で、浮気すると大変らしいです。奥さんは探偵を雇って単身赴任中の夫の動向を調査するらしいですよ。もし離婚が成立すれば財産分与はたいへんな額になります。アメリカのエグゼクティブって、かなりの給与をもらってますからね。

でも、やっぱり性欲を我慢できないんですよ。だから彼らは男とベッドインするんです。会社の出張で、男と同じホテルに泊まるのであれば誰にも疑われない。私、無理やりカマを掘られました」

笑い顔とも泣き顔とも取れないような表情をしている。

「本当に嫌でした。屈辱ですよ。家では小さな娘たちが僕の帰りを待っていて、家内がいて、そんな幸せな家族でした。会社を辞めようと思いました。何度も。でも我が家の大黒柱は有名企業の社員だと誰も疑っていない。辞めたいと思っても、その理由を言えない。僕の仕事は、表向きは役員付きの秘書でしたが内実は男娼です。役員が今までで三人代わりましたが、申し送りみたいなものがあるみたいで、僕は三人の相手をしました。家内ともセックスをしようと思うんですが、立たない。自分で言うのもなんだけど、家庭は大切にしているほうでした」

玄は、ほっとため息をつくとこう言った。

「なんや。珍しくもないわ。世界の不幸を背負いこんだような顔してるから、何の話かと思えば」

「……」

「そんな話か。この間も来てたで。ありふれた話やで、外国人上司のセクハラ。もっとも、相談者はあんたより若くて独身だったけどな。やっぱアメリカ人で何人もの男にやられた。おんなじや。あのな、こんなこと日常茶飯事やねん。まさかっちゅうところに転がってんねん。あんたが苦しむことでもなければ、恥ずかしがることでもなんでもない。あんたが不幸の中心やて？　ちゃう、ちゃう。そんなもん蚊に刺されたようなもんやで」

「そうでしょうか？」

「そや」

玄は快活に笑った。

男のレイプ被害についてはほとんど表に出ることはない。だからといって事実そのものがなくなるわけではないし、女性と比べてダメージが少ないわけでもない。

「で、どうしたい？」

「辞めたいんです。でも、辞められなくて……」

「でも、男の相手はいやなんやろ？」

「はい」

玄は、男の顔に一瞬、影がよぎるのを見逃さなかった。

「でも、ないんか」

「はい」

男の目は赤く充血していた。ぐっと食いしばり、頬が赤みを帯びている。

「そうか」

男は、男性を好きになってしまっていた。

幸せな家族、優しい妻にふたりの幼い娘たちがいるにもかかわらず、快感は、思いもかけず彼を捕らえてしまった。

一度扉を開けてしまえば、二度と元に戻っては来られない場所まで押し流されてしまう場合もあるのだ。最初から男性が好きなら、少しは心構えができたのかもしれない。だが、なぜ四十歳を越えてからこんなことになってしまったのだろう。

人に悟られるのを恥じ、家族に罪悪感を抱き、アブノーマルではないかという重荷を背負いこむ。しかも、自分が若くなくなる日は遠くない。そうすれば彼は男娼としての役割を下ろされ、その役は誰かに引継がれるだろう。彼はこの世界からいずれ現実に戻らねばならないのだ。耐えられるだろうか。二重生活を送ること、妻を裏切ること、この生活がいつかふっつりとなくなってしまうこと。自分のアイデンティティとはいったいなんだろう。性行為とセットでしか、自分の仕事が認められていないという、この立場をどう飲み込んでいったらいいのだろう。

男性を好きだという、心の置きどころを彼には見つけることができない。

「なあ。心おもむくままに、生きていったらいいんと、ちがうかな」

玄は、ぼそりとこう言った。

「ノーマルとかアブノーマルとかって、誰に対してノーマルで、誰に対してアブノーマルなんやろ？　どうして、人と違うと悪いんやろな。たまたま人数的に少数なだけやないか。なんでもあり。そうは思わんか？　人ってみんないつか死んでしまう。たった一度の人生や。できるだけたくさんのしたいことをして死ぬのが、生をまっとうすることと違うか？

奥さんには、黙っとったらええねん。それでええやんか。別に知りたくないような事実を、無理やり教えるのはエゴ。あんたはその秘密をずっと胸に持っとき。

かまわん、かまわん。あんたと同じように、人は誰でも秘密のひとつやふたつを抱えたまんまで棺おけに入るもんや。あんたも人並み。あんたも自分の秘密を手みやげにぶらさげてあの世にもってったらええねん。好きに生きてみ」

一瞬の沈黙のあと、男が目と鼻を真っ赤にして、号泣するのを玄は見た。誰にも言えずに抱えていたものが、安堵をした拍子《ひょうし》に溢れ、流れていく。

玄は身体を外に向けると、こう叫んだ。

「おーい、ヤスヨ、コーヒーもう一杯入れたって。とびきりおいしいのを頼むで」

この相談があってから数日後、私は記事にするために、パソコンに向かっていた。

「そんなに、珍しいことじゃないですよ」

「えっ？」

声をかけてきたのは、駆け込み寺に来ていたボランティアのひとりだ。

彼はもともとゲイバーのママだったが、今は転職して事務の仕事をしている。その経歴を知っても特別どうとも思わなかったし、人の私生活に立ち入る趣味もなかったので、今まで話題にしたこともない。

「よくあることです。男にオカマを掘られちゃうっていうのもね、加害者から話を聞いてますから、それほど珍しいことでもないですよ。その気がない男性をわざと狙ってべろんべろんに酔わせてから、トイレに連れ込むっていうんだから悪いやつですよね」

ハッハッハと朗らかに笑い、そこに屈託《くったく》などみじんもなかった。

「よくある話ですか」

「だってねえ、男と女の間にあることはたいてい男と男の間にもありますよ。そんなことはないっていうほうが不思議でしょ」

確かにそうだ。ただ単に自分の耳に入らないだけなのだ。

「ほら、どこにでもあるっていうだけで少しだけでも気がラクになりません？　自分だけで悩みを抱えているとつらいんです」

「そうかもしれませんね。不思議です」

「認めちゃえばいいんですよ、はい、そうです、その通りですって。そうしたら、次に進めるでしょ。だから、玄さんに話ができるとほっとするんじゃないですか。玄さんは、それこそいろんな人を見ていますからね」

私はうなずいた。

「気の毒なのは、妻子がいて、目覚めちゃう人ですよね。今の若い人には、そういうケースはだいぶ少なくなってきました。今は結婚したくなければ、結婚しなくてもいい時代になりましたからね。でも、五十代や六十代のおっさんたちは、田舎の長男だったりして、どうしても結婚しなくちゃならない場合があったんですよ。胸にもやもやしたものがあっても当時はインターネットも発達してないでしょ？　気がつかないこともあるんです。そういうのは本人のせいとばかりは言えないんですよ」

「ええ。わかります」

「おっさんになってから、自分の気持ちにはっと気づいちゃう人もいるんです。そういう人はやっぱり今まで抑えてた分はじけちゃうんですね。奥さんと子どもを置いて、出てきちゃってそれっきり、なんていう人、いますもんね」

その年で失踪されたら、家族はつらい。

「そんなもんですか？」

「そうなんですよ。でね、そのころの世代ってバブルを経験してるでしょ？　お金も、遊び方も半端《はんぱ》じゃない。なんか、感覚が今の時代と違うんですよ。ジャブジャブお金使って、相手もとっかえひっかえね。『ああ、この人は長く続かないな』って思うんですよ」

「続かないって何が？」

「お金もそうだし、それからね、病気にかかって死んじゃう人、結構いるんです。おっさんがね、瞬《また》く間に現れて瞬く間に死んでいく。僕の周りでも、ころっ、ころっと何人もの人が亡くなりましたよ」

「エイズとか、そういう病気で？」

「ええ。いろいろあるんですよ」

私は、土の中から這い出て、透明な羽を伸ばす蟬《せみ》を連想していた。瞬く間に現れて、瞬く間に過ぎ去っていく人たち。季節は初秋のことだ。耳の奥にその日どこかで聞いた蟬しぐれが残っていた。

「人ってね、年を取るといろんなことを忘れられそうな気がするけど、そうとも限らないんですよね。だから、自分を過度に抑えすぎないほうがいいんですよ」

彼は笑顔を崩さない。

「我慢できない人は結局できないんです。だんだん年を取るとね、なかなか器用にはできないから……」

「器用にできない、ですか」

「病気の予防を心がけて。あとは、やっぱり誰かと自分のことを話せて、酒の席で笑いあえるといいんですけどね。

『そんなの珍しくないよ、よくあることだよ』ってね。

しかし、それにしたって、何がマイノリティーなんでしょうね。ただ単に、世間が知らないだけじゃないですか」

8

幼い玄に、身悶《みもだ》えするほどの「自由」への希求を骨身に沁み付けさせたのは父だった。ここから逃げたい。早く大人になりたい。自由になってこの男の支配から解放されたい。それは何よりも強烈なエネルギーに変わった。

この彼の心境は、毎日のように駆け込んでくる相談者たちの気持ちとてもよく似ている。私には、そのふたつの想いが重なって見えるのだ。

玄の父親が亡くなったのは玄が四十四歳のときだ。長患いの末の死去だった。恨んでいた父親の葬式を出したのは玄だ。その費用七十万円。当時、悪徳商売で富をなしていた玄は、父親の眠る棺おけの蓋を開け、なきがらを覗き込むとカメラを向け、その死顔を撮った。

玄がシャッターを切るたびに、パシャッ、パシャッと父親の顔が白く光った。カラカラに乾いた別れの儀式だった。

「親父、よくもこの世に生んでくれたな」

彼にとって最大の敵で、同時に彼に人生とは何かを教えた、最大の天恵はこの父親だった。

それでは玄にとって母親はどんな存在だったのだろう。彼には、産みの母のほかに四人の継母がいた。ひとりは西成に住む日本人女性。気が強く、機嫌が悪ければ玄を打ち、玄の父親が帰ってこないといっては玄を打った。飢えを教えたのも彼女だ。

もうひとりは三重に住む、海女《あま》を生業とする韓国人だ。父親が日本に密航して渡ってくる前に韓国で結婚していた正妻である。亭主関白の伝統が根強い済州島の出身で、玄の父親を追いかけて海を渡り、日本へやってきた。

ほかにも、ふたりほどの内縁関係の女がおり、父親は勝手きままに好きな場所へ移動を繰り返した。そして、しょっちゅう玄を女のところへ置きっぱなしにして姿をくらませた。

「お父さんが、あっちこっちに女を作っているのを承知していながら、この女性たちはお父さんと別れようとしたり、喧嘩したりはしなかったんですか？」

私が聞くと、玄は、いいや、と首を振る。

「父親は亭主関白で、それに逆らう女はおらへんかったわ。それにな、女はしょせん女やったわけや」

玄の目から見た母親たちは、親の顔ではなく女の顔をしていた。

おぼろげな記憶の中で、玄の「母ちゃん」は、客の男を取っていた。

「母ちゃん」といっても、どの母親かも定かではない。玄は、すりガラスの向こうで、動物のような喘《あえ》ぎ声をあげて男と女が絡まりあっているシルエットを見たのを記憶している。

「パンパンだったんやな」

玄にとって、母親は醜《みにく》い獣だった。女という生き物にどこかで深入りできないのは、彼女たちの男へのあからさまな情欲を見てきたからだ、と玄は今でも思っている。

相談に乗っていても、駆け込んで来る女たちの情念が透けてみえる。一見、親子関係や家業の問題でやってくるようだが、女たちの本当の苦しみは、夫や愛人との愛憎のもつれであることが多かった。だからだろうか、子どもより男を優先する相談者の話を、玄はいつもより熱を入れて聞いてやり、結果的に子どもが助かるように導いている。

玄は、西成に住んでいた小学校五年生のときに、産みの母親との再会を果たしている。

ある日、実母から、「会いたい」と泣きながら電話がかかってきたのだ。喫茶店で捨てられて以来のことだった。

「今にしてみりゃ、気まぐれに罪悪感を解消したかったたんやろ」

そう、玄は回想している。母親は玄を見るなり「お母ちゃんやで」と言って、号泣しながらすがりついてきた。そんな母親を呆然と眺めながら、小さな玄の心は揺れていた。

〈今さらなんやねん〉

このできごとを、きわめて冷静に受け止めた、と玄は述べている。だが、私にはそれを額面どおりには受け取れない。もしも、玄の人生の中で断ち切れなかった唯一のものがあるとすれば、それは母親への思慕《しぼ》ではなかろうか。

やっと会いに来た母親は、彼を通天閣へと連れて行った。低く軒《のき》を並べる家々の上に「天に通じる高い建物」という名前を持つ通天閣がそびえていた。にぎやかな雑踏《ざっとう》の中で、隣を見れば微笑む母親の姿がある。あの日、玄を置いて喫茶店を出て行った母親の記憶が、突如あやふやなものに思えてくる。

「一緒に住めるんか？　母ちゃん迎えに来たんか？」

そう、無邪気に聞けない少年がいた。

「秀坊、何が欲しい？」

彼の顔を覗き込む母親は優しかった。

「あれ」

玄はテープレコーダーを指さした。母親に会えたことよりもテープレコーダーを買ってもらったことのほうが嬉しかった。

万博前の大阪は経済の上昇気流に乗って浮き立っていた。道行く人々もその雰囲気の中、活気に満ちている。手にはテープレコーダーを持ち、彼は母親と歩いた。だが、甘やかな数時間は瞬く間に過ぎていく。産みの母親は、自分の住んでいるところへと戻っていき、玄は、虐待と飢えの待つ父親と継母のもとへと戻った。

さて、このできごとが残酷なことだったのか、それとも幼い玄の心に少しはなぐさめになったのかはよくわからない。だが、玄をそれから経験する人生へと送りだしたのは、この母親の行為がきっかけだった。そして、人の苦しみはみな執着から生まれると玄が言うのも、まぎれもなくこの母親、そして継母たちとの葛藤からだった。

継母は、玄の抱えているテープレコーダーを見るなり、ひったくって床に叩きつけた。

「あっちがいいんやったら、あんたそっちへ行き」

そうはき捨てるように言った。

女たちは身勝手で、そして弱かった。感情に蓋《ふた》をして生きているうちは楽だったのだ。

この再会によって玄が母親への思いを募らせたのも無理はない。

玄は、中学校に上がってから二度、母親に会いに行っている。一度目は、西成に住む継母の家から六十キロを歩いて行った。だが玄関先についてみれば、義父と姉妹の笑い声が聞こえてくる。彼は玄関で何度もためらったすえに、結局呼び鈴を鳴らすこともなく、また同じ道を歩いて帰った。ほどなくして再び母親のもとへと逃亡を図ったのは、三重に住む海女の継母のところからだった。母親に迎えに来てくれと電話をし、遠路十時間かけて車を運転してきた母親と合流する。

だがそこで待っていたのは玄を邪魔にして追い出した義父だった。玄を露骨に嫌い、熱湯を浴びせかけ虐待した。男は三日後には早くもこう言った。

「もうお前は西成に帰れ」

母親は玄をかばいだてしなかった。結局一度玄を捨てた女はたった三日間母親をしただけで二度も玄を捨てたのである。

玄を再びあきらめが襲う。だが思慕は、何度もかすかな希望と乾いた絶望を運んでくる。

幼いころに玄が捨てようとして捨てられなかった実母への思いは、その後駆け込み寺で相談者が捨てられない執着を断ち切るための力に変わった。

中学校に上がった玄は、母親のもとでの生活が挫折《ざせつ》に終わると、いよいよあくどい道へとその舵《かじ》を切っていった。いったん喧嘩となれば、極端で、徹底的で、外側から見ると狂気じみたところがあった。

だが、彼の行動は本物の狂気であったのか。彼は恐怖によって人を操れることをよく知っていた。「ちらっと恐怖をにおわせれば、あとはどんどん膨らんで勝手にあっちが怖がってくれる」それを彼は小学校時代の経験から学習していた。とするならば、家族も心許せる友人もいない玄が、ある種の冷静な計算に基づいて恐怖を演出していたとしても、何の不思議もない。

彼はただの暴れ者ではなかった。徒党を組むのは好かないが、誰かがいじめられていれば仲裁に入った。だが特別親しくなることについてはいつでも警戒していた。喧嘩をすると盾に取られるからだ。自分ひとりを守るので精一杯なのに、誰かを守ってやるなど面倒だ。

「中学生になると、シンナー中毒のために、新聞配達を続けることがしんどくなった。シンナーやるといい気分になって喧嘩しても痛くないねん。なんでやったかと言われても、遊び半分でやってやめられなくなったとしか言いようがないわな。小学生のときには煙草も吸い始めたし、女も知っとったし、なんでもありやったわ。シンナーやったかて、別に自分がどうなろうとかまわんかった。ただ、てきめんに体にきた」

〈あかん。体が動かんわ〉

玄はてっとり早く稼げる、カツアゲと車上荒らしを始めた。

「ワルをやるのは、ひとりがいいわ。徒党を組むとアガリは全員と分けななならんし、誰かがヘタを打つと芋づる式にパクられる。グルになったほかのやつらに売られて、最後の最後まで逃げた俺が捕まってみれば、主犯扱いやで。主犯と書いた紙を持って写真を撮られたわ。仲間なんていざとなったら俺を売る。弱いやつらはみんなそうや。警察にでも捕まれば、親が迎えに来る。あいつらの親は泣いて心配してくれるが、俺は半殺しの目にあうだけや。

ほかの奴らはいわゆる非行で、結局のところただの甘えや。徒党を組んでワルをすることに快感を得たり、自分の力を誇示したいだけのことやねん。でも俺の場合は遊びやないで。ほんま生活費やったからな。一週間後にメシが食えるか、計算しながら盗ってたよ。日曜の昼まで食えるな、とかな。絶対に捕まらないようにして盗る。軍手なんていらん。制服の袖を伸ばして手を覆うと、車のドアを開けて金を盗る。みんな欲をかいてブツまで盗るから足がつくねん。俺は現金のみで証拠は絶対残さなかった。必死さが全然違う。

海女の継母が西成に家を買ってな、そこを人に貸してたんや。借りてたんはひとり暮らしの男で、ほかにも部屋が空いとったから俺はそこに住むことにした。やっと父親の家から出たよ。中二のころや。その歳で一人暮らし。さびしいとかいまさらないよ。やっと自由や。夢にまでみた自由やと思った。

三重の継母は、海女やったから、海に働きにでなならん。そこには、ほとんど住まへんかった。韓国から密航してきた親父を追って、わざわざ日本に来て、国籍も在留資格もなく、日本語もほとんど話せずに、こっちに来てみれば父親は日本で正妻作ってて、あの人の人生もなんやったんやろうな。牛小屋とか納屋とか、それに毛が生えた程度の家に住んでたよ。友達は絶対呼べへんよな。

西成は韓国人もたくさんいたんで、別にどうってことなかったが、この母親と一緒に住むと、田舎の学校では目立ったよ。そんな家に住んでいて、お母ちゃんは日本語をしゃべれへんやろ? 俺の言っていること、ようわからんのやなかったかな。会話なんてないわ。俺のことを虐待したりはせえへんかったけど、だからといって、こっちがなつくわけでもなく、慕うわけでもなかった。爪に火をともすような生活して、やっと買った家だったが、自分は住めず俺が住んだわけや。

父親に二万円ぽっちの生活費を渡されたかて、何のたしにもならん。

地元ではなるべく目立たんようにして、稼ぐときは、ほかの町へ行ってやる。地元では、おとなしい子だと思われていたかもしれんな。とにかく目立つことには警戒していた。目についたらやられる。それは家で学習済みや。なるべく視線の届かないところにいる。目ざわりだという理由だけで、暴力をふるわれる。俺の住んでいた世界は、そういう世界や。

稼ぎたいときには、暗がりに潜《ひそ》んどってな、そこを歩くサラリーマンや高校生を、後ろからブロックで頭を思いっきり殴る。恐怖や。相手は事情がわからんやろ。後ろから襲ってきたのはどんな男で、どんな理由かもわからん。そのとき恐怖は何倍にもなる。人間の想像力って大したもんや。それを逆手にとって恐怖で人を操る。

考える余裕を与えたらあかん。こっちはただの中学生や。反撃される。だから、思い切って行く。奇襲や。

思いも寄らない攻撃をされると、人はおびえて動けなくなる。そのショックで顔もロクに覚えてへんわな。それは大人でも高校生でも関係ない。攻撃に少しの良心の呵責《かしやく》でも、ためらいでもあったらあかんねん。気がふれていると思わせる程度の圧倒的な先制攻撃や。

頭が割れるかもしれんて？　そんなのためらってたら、できるか。死んだら死んだでそれまでや。別にどうなろうとかまへん、それぐらいの気迫がなければやれない。別に何の罪悪感もない。ええやん。死ぬわけでもなし。そんな程度」

だが興味深いのは、そこまで割り切ってあくどいことをやっているようにみえて、その実、どこかでかなり真剣に更生の道を探し求めていた節《ふし》があることだ。

玄は、中学を出ると定時制高校へ行きながら、自動車修理工場へ働きに出た。だがすでにシンナーの快楽を知っていた玄は、仕事を装《よそお》い、塗料に含まれるシンナーを一日中吸い続けるようになった。食事もとらずにシンナーでふらふらになっている玄に、沖縄出身の工場の先輩は優しかった。母親のこと、生い立ちのことを玄から聞くと、その先輩はこう言った。

「あんたは、ここにいたらダメになる。本当のお母ちゃんのところへ行き」

一度ならず二度までも、玄を捨てた母親である。先輩の言葉を無視しようと思えばできただろう。だが、玄はその言葉をきっかけに西成を飛び出す。中学を卒業すると、玄のことにほとんど関心を持たずにいた父親は、母親のもとへ行くことについて、何も言うことはなかった。

玄の中では、父親には、とうの昔に捨てられているようなものだった。父の女のもとから、別の女のところへ、よく電車に乗ってふたりで旅をした。だが、父親らしいことを話してくれたことなどなかった。ただ学んだのは、奴隷のように従順でいること、やられないように神経を二十四時間研ぎ澄ませていることだけだった。

むしろ、経済的に稼げるようになった玄のほうが、父親を捨てたのかもしれない。

玄は、当時明石に住んでいた実母のところへと移り住む。

明石の母親のもとへ行くと、一度ならず二度までも玄を追い出した継父がいた。もちろん玄は、歓迎されざる客だった。

だが玄には、今度こそうまくやれるという確信があった。今度は働いているし、経済的に迷惑をかけることもない。それならば、やっかい者にされる恐れもないだろう。

何度裏切られても、やはりどこかで血のつながりや母性を信じていた。そのころの心情を聞いてみても、玄はただ薄く笑うだけだ。

「甘かったんやろな。まだまだ人間修行中の身だったわけや」

一九七二年、玄は母親のいる明石に居を移し、定時制高校の転校手続きも済ませた。

今度は、寿司屋に職を見つける。

〈寿司屋に入れば、寿司食い放題や〉

彼がこの仕事を選んだのはその程度の動機だった。寿司屋といってもスーパーのパック寿司を作る仕事だった。大きな工場で、朝から晩までひたすら魚をおろし続ける。漠然とやっていることもできたろうが、玄は抜群《ばつぐん》に飲み込みがよかった。効率を一番に考え工夫《くふう》をし続ける。それが工場のパック寿司の加工であろうと、ほんのわずかな時間の節約であろうと、その姿勢は変わらない。人よりももっと早く、もっと効率よく。毎日の労働で魚のにおいが体中に染み付いた。だがそんなことも厭《いと》わずに、彼は人間機械のようになり、誰よりも真面目に魚をさばいた。

魚の加工を卒業すると、次は巻き場へと移動する。するとまた延々と寿司を巻き続ける。そしてそれを卒業すると、次は握り寿司である。果てしない時間、ひたすら握り続けた。しゃりを握るのに、二度ほど力を加えるだけで形になることを学習した。ロボットのような単純労働の日々だったが、玄はまともになろうとしていた。それまで野良犬のように空き家に住まい、シンナーのにおいの中で恍惚《こうこつ》としていた彼が、改心し、高校へと通い、新しい人生を送ろうとしていた。ところが、三年間のシンナー中毒の後遺症か、それとももっと前の過酷な生活によるものか、彼は突然てんかんの発作を起こして失神するようになった。

変化は、まるで狙いすましたように体の内部からやって来た。順境は長く続かず、必ず逆境が待っている。もしも、ここで玄が病気にならなければ、違う人生が待っていたはずだ。

会社は、発作について何度か見て見ぬふりをしてくれた。だが、それがたび重なったある日、とうとう彼は仕事を解雇され定時制高校もやめざるを得なくなった。昼間から家にいる玄と継父の仲は、ますます険悪になり、玄は体調が回復してくるとすぐに、今度は仕出し屋ではない寿司屋への就職を決めた。

そこまでの玄は、懸命に更生を図るひとりの青年に見えた。必死になって、人生の再起を賭け、働き、実母の家族の一員になろうとしていたのだ。

だが十七歳の時、彼は突然死のうとした。大量の市販薬を飲んで、自殺を図ったのだ。見つけたのは継父。救急車を呼び、病院へと運んだ。意識不明の玄の胃から医療機関が取りだした薬は百八十二錠だった。

そして三日間昏睡《こんすい》の末、やっと息を吹き返した。

自殺を図った玄の枕元には、遺書が残されていたという。

「どうして自殺をしたのか、覚えてますか？」

私が聞くと、

「そんな古い話、もう忘れたわ」

そう答えるばかりだった玄が、どういう風の吹き回しか、その問いに答えてくれたのは、ある年の暮れだった。聞けば、その日、母親から連絡があったというタイミングだった。

「家の近くに、明石屋っていう雑貨屋があってよ。いつも行けばにこにこ挨拶してくれるような店だった。ある日いつものようにそこに買い物に行くと、ラドーの腕時計がポンと置いてあったんや。それを見て、『ほしい』と思った。するとな、次の瞬間にはポケットの中にそれがあった」

まったく意識をしていない上でのできごとだった。盗るつもりなどなかったのに、ジャラリと重く冷たい感触が手の中にある。

「ぞっとした。足元が抜けて地獄にでも落ちるような気持ちになった。必死になって、まともに仕事して、自分の悪性を否定しながら生きてきたつもりやった。でも、手癖《てくせ》っていうんかな。身につけた習性で、無意識のうちにそれをくすねとった。手が自分の体じゃないような気になったな。それをどこに隠したらいいかわからんで、あたりが暗くなってからこっそり庭に穴掘って埋めたよ。次の日それを掘り返すと、わざわざ西成まで行ってどこかの屋根にそれを放り投げた。なんで西成かもわからん。

そのあとすぐに俺は自殺している。遺書にはこう書いたはずや。

『いい子になれなくて、ごめんなさい』

あの日まで、俺は、自分の中の悪と壮絶な闘いを繰り広げていた。自分の中の悪をきれいに切り離して真人間として生きていける、そう考えたんや。

でも、そうじゃなかった。物心ついたときから自分の中に息づいている悪をねじ伏せようとするのは間違いだった。俺ははっきりと自分の中の悪を見たよ。

俺は認めた。自分の悪をなくすなんて無理やねん。もう反省はええねん。自分を認める、認めて、認めて、生きる。盗むのではなく、稼いだろ。生き返った俺はそう思った」

玄は、自分の中の悪を切り離すことをあきらめた。それは影法師のようにどこまでもついてくるものだと悟ったのだ。そしてその心の中にある「悪」ごと、自分を認めた。

それは一度死に、冥土を見てから生き返るような大きな力を必要としたのである。

駆け込み寺には、玄の父親によく似た虐待男も相談に来るし、玄の母親によく似た子育て放棄女性も来る。だが、それをまったく苦もなく受け入れ、そのずるさや弱さに対して、何の評価や裁きを加えることもなかった。

彼はただ、すべての相談者のいいところも、悪いところも平気で飲み下した。

自分のものさしで計らず、清濁《せいだく》すべてを飲み込むというのは不思議な光景だった。だがそれは、自分を全肯定しようと決めたこのできごとが関係しているのかもしれない。

自分の内面に忌避《きひ》するものがなければ、他人の中に忌避するものが見つかるはずもなかった。人の価値判断は自分自身の内面を評価するときの鏡なのだ。

父親と母親との葛藤は自殺未遂の後も続いた。

未遂後ほどなくして、母親は男と折り合いが悪くなり新しい愛人を作った。そこで玄は勤めていた寿司屋をやめて、母親の新居についていった。しかし、彼女はあっという間にその男にも捨てられる。そしてまったく懲《こ》りることなく、次の男を作った。

結局、同じことの繰り返しだった。男たちの誰もが玄を邪険にした。

たまりかねた玄は、母親にこう問うたことがある。

「母ちゃん、子どもと男とどっちを取る？」

玄の母親はこう言った。

「男」

玄は理解しつつあった。一緒に住んではいても、あの喫茶店で捨てられたままなのだ。母親といつまでいようと親子の情など手に入らない。思慕の念は、断ち切らねばならない。執着は手放さなければならない。

そう思いながらも、玄は後年、事業を起こし成功すると、母親にひとつの会社をそっくり譲り渡している。母親だけではない。父親も、ほかの兄弟たちもみな、玄が成功したとたんに擦り寄ってきて、たかり、むしりとった。やくざに恐れられた彼が、親族には結局金を援助している。

だが会社が傾くと、借金をすべて玄へとかぶせ債権回収にヤクザを差し向けさせたのは母親だった。母親と思えば思うほど、あるいは今度こそ信じようと思えば思うほど、裏切られる。その苦しみからは、玄秀盛もなかなか抜け出すことができなかった。

彼のもとにはまだ母親から電話がかかってくる。

「秀ちゃん、どうしてる?」という声とともに。

「母親がどうして電話してくるかわかるよ。目的は金や。そうでなければこの駆け込み寺に会いに来たらええねん。顔出したらええねん。でも来ないやろ。俺が怖いねん」

彼はその時の心境をこう語っている。

「母親についての思いは二十代で処理済みやねん。今にしてみればそれでよかったと思ってるよ。少しでも親としてよくしてくれたっていう思い出のひとつでもあれば、一生それに縛られるし、面倒見なきゃあかんというのもあるやろ。でもよくしてもらったという記憶がまったくなければ何の義理も無い。ただ、電話がかかってきてもそうですか、はいはい、というところや。

俺は親からはまったくの自由や。でもな、父親にしても母親にしても二十代よりは三十代、三十代よりは四十代、四十代よりは五十代の今、感謝してしまうよな。よくも俺をここまで強くしてくれたよな、と。

あの親が俺をここまで強くした。俺より強い人間なんてこの世でまだ会ったことがない。俺は生まれたときから鋼《はがね》の心を持っているわけやないねんで。最初は障子紙ほどの弱さやったと思うわ。でもふすま紙でも、重ねて、重ねて、何枚も何枚も貼り付けたら、指も刺さらへんやん。俺はな、二度とこの小石にはつまずかんとこ、ああ、ひとつ学んだ、そう思いながら生きてきた。それが俺を支え強うしてきた。俺が何ひとつ持たなくても自由に生きていけるのは、反面教師である親のおかげや。それは間違いない」

玄は、親への思いはカラカラに乾いていると言っている。だが、それでも絶縁しているわけではないのだ。電話には出て、きちんと話もしている。

本当は、まだ母親への愛が残っているのではないだろうか。心の中にはまだ母を恋い慕う思いが残っているのではないだろうか。

そう尋ねても、玄は「普通の家庭に育った人間には、ぜったいにわからへんと思うわ」と抑揚《よくよう》のない口調で言うばかりである。

9

二〇〇八年某日。玄の前には、ふくよかな女性が座っていた。二十代前半。背はそれほど高くないが、体重は八十キロ以上はありそうだ。肌はとても白く、きめが細かい。彼女が勤めているのは、ふくよかな女性が好きな男のための風俗、デブ専のソープランドである。

彼女の顔には、虐待の証拠である青あざがあった。目の周りを取り巻くようにして、一番外側から青黒い部分、青い部分、赤い部分とグラデーションになっている。痛々しくもにぎやかな色をしていた。目は打撲《だぼく》による腫れでよく開いていない。唇には裂傷《れっしょう》があり、彼女が口を開くたびにもうひとつの小さな口を開く、という具合だった。

「あんた、そんな顔して客取れとんのん?」

玄がそう聞くと、

「うん」

と、屈託《くったく》なく答える。

〈よくも、こんなにも傷ついてボロボロになった女を抱けるよな〉

玄は、男どもの欲望に呆れはてた。

〈下半身がついていればどうでもええんか〉

顔など見てはいないのだ。もっといえば、彼女の心には何の興味もないということだ。

彼女のほうは、玄の思っていることにはまったく気づかないらしい。

「お客さんは、みんな優しくしてくれる」と答えた。

「あ、そう」

あ、そう、としか答えようがないわな、と玄は思った。

「で。今日はどうしたくて来たん?」

玄が聞くと、まるで切迫感のない表情で相談者は小首をかしげる。横から付き添いだという女が、黙っていられないとばかりに口を挟んだ。

「とにかく、別れるしかないと思うんですよ」

友人、という女は、相談者とは対照的にずいぶん痩せていた。

「この人たぶん、暴力振るわれているうちに麻痺《まひ》しちゃってると思うんです」

この女性も相談者とたいしたかかわりがあるわけではない。彼女は相談者の店の数軒先に勤めるソープランド嬢である。相談者の顔の傷を見て、ドメスティックバイオレンス（この場合は恋人の暴力）ではないかとピンときて、声をかけたのだ。そして以前から知っていた歌舞伎町駆け込み寺へ連れてきた。

相談者本人が語ったところによると、事情はこうだ。

相談者は、風俗に勤める前は事務員だった。ところがある日、友人と出かけたホストクラブで、あるホストと出会う。「運命の出会い」だった。

相談者によると、男は第一印象こそ軽薄《けいはく》そうに見えたが、よく話を聞いてみると、優しくて繊細《せんさい》で、彼女だけを頼りにしたという。「君にしか、本音を話せない」が口癖だった。

男は彼女の家に転がりこんできた。そして同棲が始まるやいなや、深刻な悩みを打ち明けはじめる。しかし、こういう種類の男の悩みは、様々に言い募っても結局十中八九は金銭的な悩みに落とし込まれる。

だが、相談者は「特別な愛」という幻想に取りつかれていた。ほかの女はホストに騙《だま》されたのかもしれないが、自分の場合は違う、これが本当の愛だという思いにすがっていた。

相談者と男の関係は一定のサイクルで循環する。男は、ほかの女性の存在をにおわせながら、ここで金を貸さなければ、ほかの女のところへ行ってしまうという恐怖を植えつける。彼女は「少しなら」と金を工面し、男の喜ぶ顔に至福の喜びを感じる。しばらくはいい関係が続くが、男は再び金の相談をする。彼女が出し渋ると、男は冷たくなり、見捨てられるのではないかという恐怖心をあおる。女が金を出す。男はしばらく甘い言葉でささやき、つかの間の幸せな時間が訪れる。やがて男は、また醒めたそぶりを見せ……。

まるでネズミの踏み車だ。こんなことを繰り返しているうちに、彼女はつつましく貯めてきたはずの預金を使い切ってしまう。そして男に勧められて、より稼げる仕事へと転職する。気がつけば彼女はソープランド嬢になっていた。

そうなると彼女に自由な選択はなかった。稼ぎを取り上げられ、時に機嫌が悪くなった男に暴力を振るわれる。だが、彼女にはもう預金もなければ、安定して稼げる仕事もない。逃げ場所はどこにもなかった。

なによりも彼女が真っ先になくしたのはプライドだった。頼みは彼の愛情だけ。逃げ場所のない女が、唯一の支えである男に必死になってしがみつく。そうなるともう、ずるずると悪い方向へと転がっていくだけだった。金を取り上げられ、男に腹立ちまぎれに蹴り飛ばされる。いずれ彼女に商品価値がなくなれば、何のうまみもなくなった男は容赦なく女を捨てるだろう。体も心もボロボロになった相談者が、安定した仕事を見つけるのは至難の業《わざ》だった。

さらに悪いことに、男は相談者のマンションに、ほかの女を連れこむようになっていた。自分の借りた部屋さえ、もう自分の居場所ではなかった。

この街ではきわめてありふれた話だ。彼女が特殊なわけでも、特別ふしだらなわけでもない。公立学校の教諭、有名女子大学の学生、四十代の女性会社員、サラリーマンの夫を持つ専業主婦。そんな人々がよく似た話を持ってくる。たいていの人間は、隣人の本当の悩みをただ知らないだけなのだ。

彼女たちはみな同じだ。つぎ込んだものが大きければ大きいほど、必死になってだまされていることを否定する。「本当は愛されている」と主張する彼女たちの言い分も間違ってはいないだろう。男たちにも最初は好意があったはずだ。だが、女を支配しようとする男は、女が完全にコントロール下にあると思った時点で、その関係に興味を失い、女を虐《しいた》げるようになる。彼らにとって女たちはUFOキャッチャーの景品のようなものだ。取ってしまえば価値はない。

だが、彼女はまだ今の状況を認めようとはしなかった。「きっと、仕事でストレスがたまっているから」、つい、暴力を振るってしまったのだろう、というのだ。

「で、結局どうしたいの。俺はあんたの人生におせっかいする気はあらへん。でもな、そんな関係、長くは続かんよ。あんたが稼げなくなったらそれで終わりや。あんた、すっからかんやろ？　あんた以外に貯金をはたいてくれる女がいたらそっちに乗り換えるで。その男はただの寄生虫や」

彼女の顔が歪《ゆが》むのを玄は見逃さなかった。

「ほかの女に走ったからって、どってことないがな。女働かせて貢《みつ》がせるような男と一緒にいても、未来なんてあらへん。あんたとその男の姿、曇りのない目でよーく見てみ。さかりのついた動物と一緒のレベルやで」

玄の言葉には、まったく容赦がなかった。だが、それもみな計算済みのことだ。

玄は、私に語っている。

「この都内、探せばいくらでも相談場所はあるのになんで俺のところにわざわざ来たと思う？　その理由がわかるか？　それはな、心のどこかでは相談者はちゃんとわかっとるんや。

自分はだまされてる。この男に踏みにじられてるってな。でも、そこまで執着した男を、自分から手放すのは難しいことや。だまされて利用されているとは認めたくない。だから俺にはっきり言われたい。バシッと現実をつきつけられたいわけや。俺は、ここに来ん奴にはわざわざアドバイスなんてせえへんよ。お好きなように。どうぞ、ご勝手にというやつや。でも、ここに来たなら言ってやる。あんた、鏡をよく見て目を覚ましってな」

玄の駆け込み寺を「縁切り寺」だと言う人がいるのは、こういう理由からである。

玄は、相談者に語りかける。

「あんたが本当にその男から逃げたいっていうのなら、俺がなんとかしてやる。うまく逃がしてやるよ。もう潮時《しおどき》やろ。暴力振るう男が、あんたのことを好きでいると思うか？　目を覚まし。あんたはまだ若い。これからいくらでもチャンスはある。あんたのことを大事に思ってくれる人がきっと現れる」

女はじっと聞いていたが、やがてこっくりとうなずいた。

「でも」

女はためらっていた。

「店はやめたくない」

玄は、ハッと笑った。

「働く場所なんていくらでもあるやろ。やめとき。デブ専だっていくらでもある。男に連れ戻されて、あんたぼこぼこになるで」

「でも、私、ずっと太ってて、小さいころからみんなに嫌われてて。親からも大事にしてもらえませんでした。誰も私のこと見てくれなかったんです。でも私、ソープランドに勤め始めて、初めて男の人にかわいい、って言ってもらえたんです」

玄は、女の腫れ上がった顔をじっと見た。

「お客はみんな私に優しくしてくれるし、従業員の人たちはみんな仲良くしてくれるし、あのお店をやめるのは……」

「川崎でも、池袋でも、横浜でも、探してみればいくらでもあるで。こんな店」

「はい」

「愛されているなんて錯覚やで。男に金をむしりとられ、客にのしかかられて、誰もあんたを大事にしてくれてないやないか。何よりも、あんたが自分のことを大事にできてない。もし逃げるなら、今日にでも逃がしてやるよ。どうする？」

「男のところに借用書があるから、それを取り戻したら来ます」

さんざん金を貢がされているにもかかわらず、相談者が男に借金をしていることになっている。

「あんた、どれだけ踏みにじられとうかわかるやろ?」

「はい。わかってます。明日、ここに来ます」

「来なあかんで」

相談者は、神妙にうなずいた。本当は、かわいらしい顔をしているのだろうと思った。

「あんたならきっとできる。やってけるよ」

相談者は少し涙ぐんだ。彼女を連れてきた女も何度もうなずいた。

だが、相談者は、約束の日に一日待っても、とうとう訪れることはなかった。

「アホやで」

いつも相談者がどうなるかなど知ったことではない、というスタンスの女が、珍しくそうつぶやく。

「奴隷解放のとき、奴隷たちは身ひとつで自由になるんやで。将来の安定した仕事があるわけでもない。何の保障もない。それでも自由を選んだ。自由よりいいものあるか? あらへんやろ。もったいない」

愛がほしい。愛がほしい。愛がほしい。

長年、彼女がそう思い続けてつかんだものは、いったい何だったのだろう。

愛されているという、ただの妄想だったのだろうか。

「依存症やろな。自分で懲りて心の底から逃げ出そうとしない限りは、そこから出られへんよ」

そして、玄はポツリと言った。

「執着は、みんな捨てきれんもんなんやな」

玄は鼻を鳴らし、

「さて、飯でも食べに行こか」

と言った。そしてそう言った瞬間、もう相談者のことは忘れたようだった。

「はよ、自転車の両脇にくっついとる、そのうっとうしい補助輪外して、自由にどこでも行けるようになったら?」

玄は、かつて相談者に向けてそう言ったことがある。

どんな境遇であれ、今までなじんできた生活を手放さなければならないときはつらい。時には七転八倒《しちてんばっとう》の苦しみだろう。だが、玄はそれを大げさなこととはとらえない。玄に言わせれば、「鼻クソのごとき悩み」だ。

最初は同意することができなかった。だが、ここに来る人々が同じような道筋をたどり、執着を手放してひとりで前へと進みはじめたとき、人は大切なものを失くしたときでさえ、きちんと立ち直って生きていけることに気づく。

それはシンプルな事実だった。

玄が言いたいのは、私たちが怯《おび》える変化でさえ、実は自転車の補助輪をなくしたときの不安と似たようなものだ、ということだろう。たしかに補助輪をなくしたら、バランスを崩し転んですりむくだろう。だが、最後には必ず支えなしで走ることを覚える。もう役に立たなくなった補助輪を取れば、ずっと遠くへ行けるのだ。

変化への不安は、過ぎてしまえばその程度のものなのだ。玄は何度も何度も、そう説いている。

「あんたが頼っとんのはただの補助輪やで。輪っかなしで自転車乗れたほうがよっぽど愉しいわな。もっとずっと自由やで。早くその境地にならなあかんで」

ここに来る人間が不幸であるなどというのは、傍観者の思い上がりだと玄は厳しく私を諌《いさ》める。相談者は、もう必要なくなった補助輪を外しに訪れているだけなのだ。

それは、大なり小なり誰にでも訪れる転機だ。

「依存なしで生きていくことでどれだけ自由になれるか、みんな早く気づかかな」

玄がしているのは、補助輪は取れる、とただ言い切ってやることだけなのかもしれない。

あたかも簡単なことのように玄の言葉を書いてはみたが、人は準備ができるまで、次の場所には行けないものだ。

私は駆け込み寺でライターの仕事をしながら、毎日のように暴力男や借金取りから逃げる人たちを目の当たりにしてきたが、彼らが新しい人生を受け入れるためには、今までの人生を捨てる覚悟が必要だった。

今回、私のインタビューを受けてくれたのは、二十四歳の女性だ。中国地方のある都市から、かばんだけ持って玄のところへ逃げてきた。きゃしゃな女の子で、茶色い髪を肩までたらし、帽子を目深《まぶか》にかぶっている。帽子のつばで心の安全圏を確保しているように見えた。

相談者の父親は幼いころに死に、彼女は施設に預けられて育った。しかし小学校六年生のとき、産みの母親から連絡があり、母親のもとに戻って生活することになった。

家に帰ってみると、母親は相談者の弟と一緒に住んでいて、弟は大切に育てられていた。ところが母親は、彼女にだけ理不尽な虐待を加えた。

母親は急に機嫌が悪くなると相談者を平手で打った。彼女にはその理由がまったくわからなかった。

母親は、彼女が中学にあがると飲食店で働かせて、そのアルバイト代をすべて取り上げた。家事も彼女の負担となった。これだけ一所懸命に家のために働いても、母親は相談者を認めてはくれない。暴力が止まないのだ。

高校にあがると、彼女はたまりかねて家出をした。だが母親はどういうわけか必ず居場所を探し出して家へと連れ戻した。そして、また同じことのくりかえし。ヒステリーを起こして彼女を殴りつけた。

そして、冷静になるときまって相談者に詫びるのだ。

「ごめんね。どうして、こんなことをするのか私にもわからない」

相談者は、もう少し母親のそばにいようと決意する。だが、母親との穏やかな時間は長くは続かない。

聞くと母親も、幼いころから虐待され続けて成長したという。そのときのトラウマが、娘を見てよみがえってくるのかもしれない。母親の行動は常軌を逸していた。私は、相談者に届いた母親のメールを見て、その問題の根深さに驚いた。そこには虫の行列のように、「死ね、ぶっ殺す」という言葉が延々と並んでいたのだ。

ここに来たのは親戚のすすめだ。相談者が虐待を受けていることに心を痛めた叔母が、玄の存在をテレビで知り、もしかしたら駆け込み寺が助けてくれるのではないかと、電話してきたのである。

叔母に手引きをしてもらい、相談者は、母親のもとから逃げ出し、東京へ出てきた。

彼女は、人と目を合わせるのが苦痛なのか、下を向いて話をした。

「今はどこに泊まっているの？」

「玄さんの紹介してくれたシェルター。田舎から出てきた日から泊まらせてくれたんだ。働き口も紹介してくれた。ちょうど、玄さんの知り合いの介護施設の人が、人を探していて、そこで働くことができるようになったの。施設は北陸にあって寮がついてるんだって」

「よかったですね。でも、玄さんに言われましたよね。過去のすべての人間関係を断ち切って、生活していかなきゃいけないって。それは怖くないですか？　誰も知らないところで、まったく違う人生を歩むことになるわけですが、今まで付き合ってきた人に未練はないですか」

私がこう質問したのには理由がある。ストーカー、借金取りなどの追っ手から逃げ切るためには、一切の関係者に行先を告げないことが大切だ。執着の激しい追っ手は、本人がいなくなると、関係者に行方を尋ねに来るのが典型的なパターンだからだ。関係者は行き先を決して言わないと決めていても、いざ脅されたり泣かれたりすれば、つい漏らしてしまう。人はそれほど上手に嘘はつけないということなのだろう。

もし、彼女の行き先を誰も知らなければ、そこから追跡されることはない。行く先を告げないのは、周囲の人たちのためでもあるのだ。しかし、今まで縁のあった人たちと連絡さえできないのは、傷ついた本人にとっては越えがたい壁ではないだろうか。

新しい場所で、彼女はまったく別の人生を生きる。過去を忘れてゼロからやり直すのだ。A県の飲食店勤務の人生から、B県の介護施設勤務の人生へ。そこに知り合いも、つながりも何もない。

「未練はない？」

私の発するその問いは、彼女の新生活がうまくいくかどうかを占うものになる。

彼女ははじめて顔を上げると、すがすがしい顔をしてまっすぐ私を見た。

「ううん、ぜんぜん。私、今までの人生で、一度も人を信じたことがなかった。自分の生活が大嫌いだった。でも玄さんのところに来たら、たった三日で人生を変えてくれた。玄さんは私の気持ちをわかってくれた」

玄はすべての相談者にここまでの手助けをしているわけではない。たぶん自分の人生と重なるものを感じたのだろう。

女性は続ける。

「私ね、ずっと憧れていたの。普通にお勤めをして、普通に友達や彼氏を作って、楽しく生きていく。普通の生活がしたいんだ」

彼女はそう言って恥ずかしそうに微笑んだ。

「うまく行くといいですね。がんばってください」

「うん。ありがとう。玄さんは神様だよ。私、このご恩は一生忘れない」

次の日の早朝、彼女はボランティアの車に乗って東京を旅立った。

私は、彼女の旅立ちを、ほかのスタッフとともに自分のことのように喜んでいた。ハッピーエンドは、不幸よりも心に残りにくい。私はすっかり彼女のことを忘れていた。

しかしそれから二週間が過ぎ、事務スタッフの口から聞いたのは、意外な結末だった。

「彼女ね、介護施設のお年寄りに、バカヤローとかコノヤローとか暴言を吐いて、その施設をすぐにクビになったのよ。それから彼女からは連絡がないの。ずいぶん施設にも迷惑かけたみたい。玄さん、何にも言わないけどがっかりしていると思う」

わが耳を疑った。それらの暴言は、たぶん彼女が母親から言われ続けていた言葉だ。なぜ彼女が言う側に回ってしまったのだろう。

「普通の暮らしがしたい」

それがそんなに難しい願いだっただろうか。過去はやはり簡単には捨てられないのだろうか。いくつもの疑問が沸き上がっては消えていった。その後、彼女からの連絡は一切なかった。

スタッフのひとりは悔しがる。

「きっと玄さんがそばにいたら違ったと思うの。遠くにいるのが残念ね」

私は、玄が駆け込み寺に現れたのを捕まえて、話しかける。

「玄さん。相談者のこと聞きました。残念でしたね」

私がそう言うと、玄は私を横目で見て、

「なんで、ぜんぜん」

と、しらっと言い放った。

「どうしてですか？」

玄は、私のほうを向き直ると、こう言った。

「涼子ちゃん、あのな。そうやっていちいち感情移入してたら、俺は一万人どころか、十人だって救えんわな。あんた、そのうちつぶれてまうで。俺は一日一生。過去を振り返らずに今日を生きる。昨日のことは忘れたわ」

「でも」

なおも言おうとする私を置いて、玄は相談室の扉の向こうへと消えていった。

ほかのスタッフも誰も彼女のことを言うものはいない。私だけが、過去に体重をかけたままだった。

10

玄は、駆け込み寺を開設するまでの半生を語ることを好まない。

彼のモットーは一日一生。今を生き切ることであり、現に、もう何年も駆け込み寺で人々の苦しみに耳を傾けながら、いっさいのしがらみに縛られずに生きている。

「今さら、過去の心境を聞かれても、まるで他人ごとをしゃべっているような気分で、そのときの感情がよく思い出せないんや」と言う。

それは駆け込み寺以前、駆け込み寺以降の彼の人生の断絶を見れば理解できるような気がした。

ただ、人々が彼の行動の根拠を過去に求めるのは自然なことだ。いったい何者なのか。そこを知らずに、彼を語ることができるだろうか。私も世間と同じだ。なぜ人は彼に助けを求めるのか。なぜ彼にそんな力があるのか知りたい。

だから彼の姿が見えるたび、私は呼び止めて話を聞かせてくださいと頼み込んでいた。

「涼子ちゃん、あのな。あんたにものごとを冷静に見るだけの力があるんか、俺は疑問やねん。死体の監察医だったらあんたは失格。内臓が出てきたら、うわーって目をそむけ、観察できへんやろうな」

「そうでしょうか」

心外だった。表情に出ていないといいのだが、あいにく私は顔に出やすい。

「ライターとして大事なのは、まず第一に客観的に事実を見ることだと俺は思う。もし監察医なら、死体は死体として、感情を抜きにして冷静に見てほしい。ここに胃がある、ここに小腸がある、ここに心臓、ここに肺ってな。あんたには、現実を冷静に見るだけの覚悟がない。ものごとを事実と感情を切り離して見るには、感情移入をしないことが大事や。あんた、できんの？」

ライターとしての資質を問われているような気がした。

「できます。できると思います」

重い覚悟を問われているようだった。だが、何をビビることがある？　どんなことを聞かされても、しょせん他人の人生だという割り切りはあった。駆け込み寺のライターを引き受けたときに腹を決めたつもりだ。

しかし、このとき、私は感情移入がそれほどいけないことだろうかとも思っていた。どんなに冷静な人でも結局、行動のベースになっているのは感情であるように思えた。それを感情移入することなく書くこと自体、自分にとっては少し非現実的なことのように感じられたのだ。今、振り返ってみると、彼は私の欠点を正確に見抜いていた。彼が最初の取材対象者だったことが、私のキャリアに大きな意味をもたらしているのだと今ならよくわかる。

玄は、私の表情を見ながら、ふーん、とでもいいたげな表情をした。

「じゃ、話したろか？　いったい何が聞きたい？」

「玄さんの銭ゲバの部分を」

「銭ゲバ？」

金銭欲に取りつかれ、手段を選ばず、金を儲けた男を描いたジョージ秋山の漫画だ。マスコミで伝えられている駆け込み寺以前の玄と『銭ゲバ』の主人公は似ていた。しかし守銭奴に成り下がった漫画の主人公は、金を手にしたあと破滅するしかなかった。

誰も金儲けの先を見たことがない。そこから転落する人間はいても、自分から降りる人間を私は知らなかった。

リーマン・ショック以降の不況が、日本を覆っていた時期だった。それまで金儲けに走っていた日本が、どのような未来を辿るのか、誰にもわからなかった。玄にぶつけた質問は、時代の雰囲気にも重なる疑問だったのだ。

「守銭奴になるってどういう心境か知りたいんです。どうして守銭奴になったのか。そしてその後どうして、いっさいの金儲けから手を引くようになったのか」

「そんなもん、そこらへんに置いてある俺のインタビュー記事でも読んでみ」

「それじゃ、やっぱり、本当に知ったことにならない」

その心境を知りたい。

「『銭ゲバ』なあ。あれ、読んでたで」

「そうですか」

「ああ。金に取りつかれた主人公、どうなんのかなってな。でも、しょせんは想像上の人物や。作者もその後を想像できへんかったんやろうな。本物の銭ゲバはエグいで。もっとずっとエグい強欲さが、俺を突き動かしてきた。

でもな、涼子ちゃん。俺はもう輪廻転生して、銭ゲバだった前世なんて他人事のような気分や。もう、過去にエグいことをしました。ヤクザと渡り合いましたなんていうのは、話したくないねん」

そのとき強欲だったのは、もしかしたら私だったのかもしれない。

「でも、知りたいし、書きたいんです。相談者のために」

いや、私の好奇心のために。

「それなら、話してあげよか」

玄は、私を見ると、何かを見透かしたような顔をした。

インタビューは、救護センターから目と鼻の先にある焼き鳥屋で行われた。カウンターとテーブルが二脚ほどある店の扉は開け放たれていて、五月の雨のにおいが外から入ってくる。店主と玄は顔なじみで、店内には店主の焼く焼き鳥の白い煙がのどかに漂っていた。私と玄はカウンターに並んで座り、二杯ほどの酒を飲んだのちに話ははじまった。

「何話したらええねん。銭ゲバったって、漠然としててなあ。いっぱいあるよ。漫画の『銭ゲバ』よりずっとエグいで。六道で言えば畜生道や。

金の魅力かて、最初は百円のうどんしか食べたことない人間が、千円のうどんを食べたことから始まる。こんなうまいもん食べたことがない。目からうろこや。五千円のうどんはどうやろ、一万円のうどんはどんなやろ？　そういうささいなことからや。心もからだも飢えてたからな、貪欲《どんよく》さは並みはずれてたな。でもな、普通に一日かけて一万円を稼いでいたらあかんのや」

「そうなんですか」

「そう。そうやって、稼いだ金は使われへんのや。大事にとっとこ、思うやろ？　一日に、十万、百万、稼いではじめてボーンと使える。それぐらいの金、どうやったら稼げると思う？　まともにやってたら一生稼げへんわな。身寄りもない、ってもない、学歴もないチョウセンが、西成からのし上がって金を稼ぐ。普通は無理や。井戸の中を想像してみ。

そこから這い上がるなんて、できる思うか？　無理やねん。まともにやっても、絶対に這い上がれないシステムになってんねん。今、日本の経済はどんどん冷え込んでいってるやろ？　上にいたやつらがどんどん下へ落ちてきている。じゃあ、下にいるやつが上に上がれるかって？　上がれるはずがない。下にいたやつは、もっと下に行く。底なし沼や。下から、上へ這い上がれん。まともにやっていても上がれんよ。ただ下へ、どんどんどんどん下へと落ちていくだけや」

「どんどん下へですか？」

玄は黙ってうなずく。

私は、ビールに口をつけながら、やはりこの世は芥川龍之介の『蜘蛛の糸』のようだと思った。極楽から垂れる一本の蜘蛛の糸に、必死になってしがみつく地獄の亡者は私たちだ。

いつの間にか、店には客が増えていた。見回してみると不思議な気分に襲われた。駆け込み寺にいるときは、人間、誰もが悩みを持って生きていると思うのに、この店の中では、みな何の心配もなく幸せに生きているように見える。

「いつもうまいな」

玄が店主に話しかけると、店主が控えめに頭を下げる。私も目で、おいしいですと合図を送った。

玄の人生には、早くから金の話がついて回った。小さいころからかっぱらいをして育ち、働きに出るのも早かった。小学生のときには新聞配達をしていたし、その後、自動車修理工、寿司職人としても働いた。盗みについては十七歳のときの自殺未遂のあと、きっぱりとやめたという。

「自分の中の悪を否定せずに見つめたら、コントロールできるようになった。今度からは盗むのはやめや。ゼニ儲けしたろ、そう思った」

だが、その当時はまだ未成年だった。

「明石の男と別れたあと、母親がくっついた男は左官屋やった。俺はその仕事を手伝うことになった。次の男は神戸で土建屋をやっていて、俺は左官屋をやめて今度はそれを手伝わされた。もう、うんざりして家を出ることにしたよ。帰るあてもなく街をさまよったあと、住み込みの寿司屋見習いの仕事を見つけたんや。そのときは、未成年であることを隠してな。俺の特技は、いっぺんで仕事を覚えることやった。何でだと思う？　同じことなんてやってられへんのや。百円でも多く稼ぐ。百円が稼げたら、今度はもっと多く稼ぐ。まだまだ稼ぐ。その執念は尋常じゃなかったな」

家族に見切りをつけ、学歴もなく頼るコネもない。となれば、自分の力をすべて結集させて、ゼニの鬼になると考えたとしても、無理はない。

「いっぺん仕事で覚えたことは二度と忘れない。同じことやってられへん。だって、そうやろ。百円でも多く、次の日にはもう百円、次にはもっと。常に創意工夫や。最初は、ベテランが一時間で仕上げる仕事に十時間はかかる。そのかかる時間を縮めていく。ほかに自分に何ができる？　人にとって唯一平等なのは、時間だけ。時間だけが味方や。六十分で一万円稼げた。そうしたら次は五十五分で一万円。そうやって縮めていき、残った時間でもっと稼ぐ。それが俺のやり方や。

寿司屋で覚えたことは必ずメモに取った。そして、二度と忘れないように研究を積む。そこで数ヵ月修行したら次や。

次の場所では、経験がたとえ数ヵ月しかなくても『三年やってます』とはったりをかます。歳もごまかした。でも、いまさら歳なんてなんやと思うわな。五歳まで出生届も出されず、名前もしょっちゅう変わっている俺に、歳も名前もどうでもよかった。

小細工もしたよ。持ってる包丁を出すやろ？　そうすると、店のもんは驚くわけや。それはそうや。えらく年季の入った包丁を持っていたからな。柄の部分はちびて、人間の手の形に変形していた。六寸が三寸にまでなった凄みのあるものやったで。それはな、前の職場でもらった、もう捨てようとしていた古い包丁や。それだけでも相手は驚くよ。『ごっつ経験者やな』ってな。スーパーのパック寿司を握っていた経験しかなくても、朝から晩まで寿司を握っていたから寿司は握りなれているし、魚だって同じように朝から晩までさばいていたからうまいもんや。相手にはとりあえず信用される。

俺にとって幸運だったのは寿司屋にはそれぞれ流儀があって、たまご焼きの作り方から鰻《うなぎ》のさばき方までそれぞれ違うということだった。

『俺はこうやるんやけど、ここの店ではどう？』と聞いてその場をしのぐ。最初から自分でやれ、といわれたらダメやったろうが、人の技術を盗むのは得意や。そこで経験を積んで次に行く。ほんとうは寿司職人が磨くのは魂なんやで。飯炊き三年、一人前になるためには六年ぐらいはゆうにかかる。でも俺にはそんなのはいらんかった。形だけ真似できればそれでいい。そうやって、技術だけ身につけたら百円でも多いところへと移っていく。居心地のいい店もあったよ。そのままいたら板前になっていたやろうな。でもな、店を持たない限り板前なんて二十万円から二十五万円ぐらいが相場やろ。儲からん。俺の価値はそんなもんか？　俺はもっと稼げる。もっともっと稼げる。そんな思いがあって簡単に店をやめたわ。未練はなかった。

居心地？　優しくしてくれる同僚？　それよりも金や。そのころ、偶然に再会した高校時代の同級生と結婚した。妊娠が理由。新居の敷金礼金は全部ローン。寿司屋の板前では、生活は苦しいままや。寿司屋には見切りをつけて、妻とちり紙交換を始めた。そのほかにもキャバレーの呼び込み、土方、墓地の清掃までした。子どもの出産費用と、新しい生活のために必死で働いた。だが生活は一向に楽にならなかったな」

「そんな生活から、やがて何億もの金を稼ぐ人にのし上がったんですよね。同じ境遇の人へのアドバイスができるのはこの時期の経験からですか？」

玄は、頭を振る。

「どうやろうな。でも何度も言うが、俺の金もうけは普通ではできへんよ。特殊や。俺のようになりたい言うたら、悪いこと言わんからやめときと言うよ。そもそものバックグラウンドが違うんやな。別に俺かて、そういう人生を歩もうと思って歩んだわけやない。ひたすら金に執着しているうちに、たまたまこういう人生を歩むことになっただけのことや。ある意味、こういう運命だったんやろうな」

玄は焼酎を頼み、それを渡されるとうまそうに口をつけた。

二十二歳のときに彼が目をつけたのは大工だった。

「土方やったり、左官やったりして、思ったんや。大工は実入りがいい。腕のいい大工は日に二万円以上儲けてる。俺がやるんやったら、同じ大工でも木造よりも型枠大工のほうがいいと踏んだ。なぜなら木造は、まず道具に金がかかった。でも型枠大工なら五万円ほどで道具はそろえられる。型枠っていうのはな、マンションなんかの土台を作るときにコンクリートを流す型を作る仕事や。木造建築なんて何通りもあって学校も出たことのない俺にはできそうもない。だが型枠ならワンパターンや」

一般的に考えて専門知識がなければ図面を見るのも難しいと思うが。

「大工ってどこにでもおるやろ？　なるにはどうしたらいいか？　どうやったら仕事を覚えられるか？　そこを必死になって考える。それもこれもみんな銭のためやった。どんな不純な動機だろうが、肝心なのは熱源や。見習いでは二十四万円しかもらえない。でも、どうしても三十万円ほしい。職人魂なんていらんのや。十年先輩と同じ日当をもらうにはどうしたらいいか、俺は必死になって仕事を覚えたよ。

ベテランが一時間で仕上げるところを、俺はその時間じゃできない。どうするか。朝の七時に現場が始まれば、俺は四時に現場に入って三時間早出をする。夕方も同じく三時間残業をする。ごっつう覚えるわな。雨の日には外の作業はできない。そうしたら内側の造作《ぞうさく》をひたすらやる。人の一・五倍やって八割ぐらいのもんや。だから十六時間現場に入る。トイレに行く暇もない。

釘《くぎ》の打ち方ひとつにしても工夫したで。ほかのやつらは二十二本釘を打つようなところでも、俺は十二本で十分なことを発見した。これで組み立ても解体もかなりの時間短縮や。それでもあと五分短縮できへんか、あと十分短縮できへんか、考えるのはいつもそんなことや。

かなづちの柄《え》だって、人より長くて六十センチや。そのことで、ほかのやつらが届かないところも脚立を使わずに釘が打てる。毎日、毎秒、進化し続けるんや。こうやって人が十年かかって覚えることを、俺は二年半で覚えたよ。執念や」

そしてある日事件が起こる。

「親方がギャンブルで借金こさえて夜逃げした。八割方できていた現場や。親方が逃げては、引渡し後に払われるはずの金銭がもらえない。

秀ちゃん、これから、どうする？　っていわれて即答したわ。『できます』ってな。請負契約だったマンションが完成したときの報酬は、担保分も含めて三百万。それを逃す手はない。自分の目の前で金が逃げていくのを、指をくわえてみていられるほど、お人好しやない。

そのとき、俺は図面もロクに読めへんかった。人から見たら大きいふろしき広げたよな。でも、俺にとってはなんでもない。これこそが俺の生き様や。ふろしき広げたら必ずやり遂げる。

創意工夫、見よう見まね。そんな芸当でも執念さえあれば建つねん。現場で、仕事の進め方がわからなくなったら、夜中に同業者の仕事場に忍び込み、そいつのやった仕事を全部ばらして中を見る。そして頭に叩き込んで、朝までにそれをもう一度組み立てなおしておいた。そうやってこの仕事を完成させたあと、俺はとうとう独立してひとりで仕事を請け負うようになった。

信じられんやろが、そうやってマンションをいくつも建てたよ。今もそこらへんに建っているんとちがうかな。順風満帆《じゅんぷうまんぱん》。そう行くはずやった。でも俺の人生はいつも逆境が待っている。そういう風になっとるんやな」

大工をやっていたときの彼は、その負けん気で人の倍以上働いたという。だが人が二枚持つのがやっとという、縦一・八メートル横九十センチのコンパネ板を四枚持って屋上に上がったときに、ある不運が彼を襲った。

「風が強い日やった。板が風にあおられてその拍子《ひょうし》に強く腰をひねった。そのあと痛みがひどうなって診てもらったら、診断は椎間板《ついかんばん》ヘルニアや。そこが運命の別れ道だったってわけや」

彼は入院し手術することになった。労災で一日約一万円が出た。たまたま簡易保険にも入っており、さらに保険金が下りた。それがどちらも非課税で、まるまる懐に入ってきた。さらに労災の保証金五百三十五万円が下りる。労災認定七級という診断も下った。

「本当に障害が残っていると思うか？　俺を見てみ。腰も曲がらんなんてうそっぱちや。でもわざと、曲がりません、とやってみせてうまいこと障害者認定や。そもそも手術かて、ほんとうに必要やったかはわからんで。しびれ具合かて、たいしたことないのは自分でよくわかっていた。でもな、俺の中には計算があった。これで手術をすればまとまった金が入る。まとまった金さえあれば思い切ったことができるとな。いわばこの現金は俺の体を切って作った金や。命みたいなもんや。

さて、そうやって金が入った。体も動かせんし、いったい何をやろうかと思ったとき、ひらめいたのが『人夫出し』やった」

人夫出しとは、日雇い労働者を現金買いして建築現場に派遣するいわゆる口入れ稼業である。人夫出しの実態は、大工として現場に入っていたころ、いやというほど見てきている。仲介業者に多額なピンはねをされ、人夫たちは理不尽な搾取《さくしゅ》を受けていた。だが彼らには今日一日を過ごすだけの金がない。だから黙って耐えるしかなかった。それを知っていた玄はこう思った。

「あれならぜったい儲かる」

自分の健康を金に替えて、彼は人を買う稼業をはじめたのだ。

「エグい稼業やで。朝、六時に人夫の集まる場所へと行って、一万円でやらんか、と声をかける。でもな、俺は元請けからは一人当たり一万五千円もらっとんのや。人夫をかき集めるだけで、一人五千円がこっちの懐に入ってくる。濡れ手で粟《あわ》とはこのことやな。人間がみんな五千円札に見えたよ。人夫が並んどるやろ？　俺にとっては、五千円、五千円、五千円。みんな大切な商品や。住み込みで人夫を雇って、契約満了まで働いたら金を払うという契約を結ぶ。満了直前に、子飼いの人夫にいびりたおさせて、ただで追い出すんや。儲かったで。三年でビルが建ったわ。この稼業で、何が一番大切かわかるか？」

私は首を振る。

「人を見抜く術や」

一発で人を見る特技がここで遺憾なく発揮された。十日契約で毎月五十人が入れ替わる。一年で六百人以上、十四年で一万人近い男たちを使ってきた。

「パンと見て、一目で人を見抜く。自己申告は一応させるよ。だが話しているうちに、この手は左官の手や、こいつはシャブやっとる、こいつは酒癖が悪い、そんなことがわかってくる。人を見るときはな、過去に照らしてプロファイリングなんかしたらあかんのや。自分のものさしを持っていると、必ず見立てに狂いが生じる。何もないまっさらな気持ちで、そいつを見る。

すごい集中力やで。これから得体《えたい》の知れない男を雇うんやもんな。そいつらは現場で死ぬかもしれんし、寝首をかきにくるかもしれん。まったく身元のわからん人間や。そいつらが一件につき五十人やで。それを瞬時に見抜かなならん。命がけや。

うわさを聞く。情報を集める。着ているものを見る。現場から帰ってきたときの足の汚れ具合、作業服の様子を観察する。こいつは職人や、ひとりで仕事をさせたほうがいい、こいつは仕事はできへんけど、人をまとめるのがうまい、とかな。まとめ役には一日五百円やって、人の世話さすねん。

うちの会社には、三バカといわれる子たちがおったよ。そいつら最高やで。世間から見れば、精神薄弱といわれるような男たちやった。でも俺にとっては最高の商品やった。

こいつらひとり三千円でええねん。だから俺の手元には一万二千円残る。ひとりで二、三人分の価値がある。

現場のまとめ役にそいつらをうまく使えと命じておく。『おい、中田を頼むぞ』言うてな。

まとめ役が、用水路を掃除しとけ、と言うたら、ずーっと休まずに磨くねん。コンクリのカス取りを舐めるようにすんねん。ごっつい喜ばれる。そんなやつはどこにもいないってな。

寒い日には、焚き火の当番っていうのがある。中田に一時間に二本入れて、十一時半になったら火を大きくしろ、と言ったら必ずやる。ぜったいにさぼらない。やっぱりものすごく喜ばれる。

ある日、仕事に来なかったこいつを叱りつけて、『中田、外に立っとけ』言うたらな、夕暮れまでそこにじーっと立っていたわ。俺がすっかりそのことを忘れていたら、『社長が立たせた』言うてな。『すまん、すまん、そやったか』そんなやつだったわ。

中田の親は公務員。中田は家に帰ったら大声出して暴れまわるんやで。母親にもひどい暴力を振るう。でも、俺がひと声かけたらぴきーんと直立不動になった。『おい、中田。誰にもの言うてんねん。仮にもお前の母親やで。もう、二度とやったらあかん』

そう言ったら、もう一切暴力はなくなった。家族にも感謝されたわ。

もうひとりの山口にはな、わざわざ五万円を千円札にして、少しずつやる。そいつは、金をもらった瞬間に、周りのやつらに配って回るのがわかっていたからよ。ただ千円札に両替しただけや。それでも『社長さーん』言うて、鼻水たらして喜んで泣くんやな。全部のテーブルに花を買ってくるようなやつやったわ。

要するに人をどう使うかや。健常者とか障害者とか、何も関係ない。小さいころから、人の顔色ばっかり見て育ってきた俺には人の動かし方が手に取るようにわかる。こいつらみたいなやつだけではなく、裁判所の書記官をやっとったインテリも来る。教師も来る。やくざ、ホスト、ホモ、シャブ中、ありとあらゆる人間を使ってきた。指のないやつ、ドスを隠し持っているやつもいる。そんなやつらを使ってきたんや」

それが今、どんな相談事でも引き受けるという自信につながっているのだろう。私には彼が人たらしだと自ら名乗る理由が見えたような気がした。

「中には、金に困っていて、今日明日の現金がほしいやつもおった。そいつをちょっと呼びつけて、『おい、加藤。現場で転んで来い。鉄筋で足ふみ抜いて来い』と指示を出すわけや。そして、その場で五万円やる。そうすると、そいつは金欲しさにほんとうにやる。ほんとうに、ふくらはぎに鉄筋を貫通させて来た」

「なんでそんなことを」

「そこや。俺にはな、自分の体痛めつけてでも、金が欲しい人間の気持ちがわかるねん。それを利用する。そいつも金が手に入る。俺もハッピー。共存共栄や。

俺は千葉県でゴルフ場を作っていた。そこの元請けはK建設という大手ゼネコンやった。どこでもやっとるやろ。○○時間無事故達成、なんていうキャンペーンな。

そこに目をつけるんや。ひとたび事故が起これば、大手ゼネコンは、それはもう青くなる。だから自作自演や。加藤に現場でわざとふくらはぎに穴開けさすねん。

そうすると、あっちから頭下げてきてな。当時日本名で平山と名乗ってたから、『平山さん、お願いします。ここはひとつ穏便《おんびん》に』と頼まれるわけや。

そこで俺は『わかりました。ここはすべて私どもの腹に収めておきましょう』となる。

俺のところに頼めば、いろいろ事故があっても、全部表ざたになるのを抑えるもんだから、その評判はあっという間に口コミで広がる。重宝がられたよな。相手も恩に着て、その現場では最後まで俺んところを使う。知恵やねん。要するに悪知恵で会社大きくしてんねんで。いくら会社を興《おこ》したところで才覚がなければつぶれる。それだけのことや。

加藤にだって、うまみはある。あいつにはな、病院でゆっくりしてもらうために、役所の前で転ばせて救急車を呼ばせる。

そのまま即入院や。知ってるか？　行き倒れの人間にはその行政区に救護義務があんねん。病院から追い出せないんやで。役所は、すぐにこの男のために部屋を借りて、住民票移してくれる。そして即生活保護支給や。なぜなら病院に泊めたままだと金が余分にかかるからな。加藤は生活保護にかかって四万三千円。それに俺からの五千円が三十日で十五万円手に入る。

でも、俺のほうはゼネコンから口止め料込みで百万円もらってる。こいつにいくらかやっても、まとまった額が俺の懐に入った。たとえ痛い思いをしようと、そいつには今日その場で現金が必要なんや。将来の三百万円よりも今日の五万円や。

金は小出しに与える。最初に五万、途中で三万。そして最後にごほうびとして五万やる。もともとは自分がケガして入ってきた金なんやで。それでも俺が札を切れば、俺が飼い主でこいつが家畜や。このあとさらに三万とかやってみ。思いもかけない金をもらって、泣いて尻尾振るで。人を使うってこうやるんや。

こいつにとって必要なのは、今のおにぎりや。一週間後のステーキなんて何の意味もない。飢えるってそういうことや。貧困ってそういうこと。俺はこいつの立場が手に取るようにわかる。だから自由に動かせるっていうわけや」

「あとで後遺症や傷が残って恨まれたりしませんか？」

「なんで。ぜんぜん。こいつにとって俺は協力者や。恨まれるはずがない。入院して寝転んでたら金が入ってくる。それに、こいつにとって俺は絶対権力者やねん。俺にはむかうとか恨むなんて、これっぽっちもありえへん。

現場には、やくざもミカジメ料を取りに来る。ゼネコンにはこれを抑えるだけの力も知恵もない。

そんなときは『俺が収めます』と出て行く。やくざの請求は一千万円。俺はそれを五百万円にまで下げてやったと報告する。泣いて喜ばれるよ。

『玄さん、ありがとう』ってな。でも実際は俺はやくざと百万円で手を打っている。差額分は丸々俺の手元に入ってくる。

そうしたかて、誰が損する？　もともと一千万円取られると思ったら、ずっと安上がりや。やくざかて、ほかの組に取られると思えば、百万円でも取れて御《おん》の字。誰もがハッピーや、そうやろ？」

私は曖昧にうなずく。

「要するに俺は、前世こうやって銭儲けをやってきたっていうわけや。金の亡者や。どんなことをしてでも稼ぐという気持ちがなければ、なかなかここまで行けへんやろうけどな」

「銭ゲバ、ですね」

すると、玄は私にたたみかける。冷静な声だった。

「わからへんと思うわ。ほんとうのことなんてな」

私はわかったような口を利いたのかもしれない。

ビールに口をつけると、レバ刺しが出てきた。私たちが店に入ってから、ずいぶんと時間がたったようで、いい感じにできあがった背広の男たちが会計をしているのが見える。

玄は、間をおいて話を続けた。

「現場では、浄化槽がよく壊れたよ。昔の浄化槽でな。ものがよく詰まる。

俺が潜ってそれを直した。喜ばれたよ。そこまでしてくれる人はいない言うてな。汚物の中をもぐるのも厭わん。俺、潜れるで。そうやって金を作ってきた。うんこ食え言われたら食えるよ」

玄の記憶のかなたから前世の彼がやって来る。感情のこもらない言葉に凄みがあった。

「そうやって稼いだ金や。羽振りがよくなればぞろぞろとやくざがどっかから湧いて出る。ミカジメ料出さんかい、言うてな。ビタ一文払わへんかった。一晩で百万も二百万も遊んだよ。でもそれとこれとは別。なんでこんな思いして作った金をヤクザに払わなならんの」

「でも。脅されたり嫌がらせされたりしたら、それぐらいの金を払ってもいいか、と思いませんか？」

「なんで？　なんでなん。アホちゃうか？　こうやって稼いだ金をむしり取られてたまるかいな。それにな、ヤクザには一回でも金をやったら終わりや。金の道がいったんできたら、次は十万、次は百万と、あっという間に骨の髄《ずい》までしゃぶられる。

でもな、二万円、たった二万円だったら、取りに来るほうも力を抜く。人を殺してまで奪うほどの金じゃないっていうわけや。だから死守する。絶対に渡さへん。渡してたまるか。これは俺の金やで。俺のからだを元手に、俺の命をかけて稼いだ金や。それを横からハイエナみたいに来て、たかっていくやつらにむしりとられてたまるかいな」

「でも、ヤクザの要求は果てしないですよね。どうやって解決を？」

「ビジネスや。ビジネスにする」

「ビジネス？」

「ああ、攻めて来られるよりも、いっそ攻めにいったろ思って組事務所に乗り込んで行ったわ。若い衆がドスをちらつかせて、大声で恫喝する中で組の幹部と会って、面と向かってミカジメ料を払うことについては断りを入れた。

あっちも、こちらの様子を見て、それならと方針を変えてくる。組事務所で請け負った仕事を俺に任せる。そのぶん売り上げの三〜五パーセントを組に納めるということでどうか、ということになった。

ビジネスなら文句なしや。俺は仕事を回してもらえる。あっちは、何もせんでも、百万円、二百万円と懐に入る。商談や。そうやってうまく落としどころを見つけて、そことは手打ちや。まあ、やくざとの争いなんて、こっちが収まればこんどはあっちと、止むことはなかったがな」

「それは全部金のため？」

「当たり前やがな。だからな、こっちの売掛金を回収できないとなれば、身ぐるみはいだよ。ある水道屋は売掛金百十万円が払えなかった。どうしてくれんの？　といったら、今は払えないという。『払えない』って言ったんやで。そいつが金を渡さず、人夫に賃金を払えなかったら、俺の命はない。そういうところでやっとんのに、払えんという」

言葉に抑揚《よくよう》がない。

「俺はな、じゃあ、体で払ってくれ、と言った。水道屋には現場で土方をさせた。嫁は、昼間はまかないで働かせて、体を取った。要するに夜はパンパンや。人夫に列作らせて、順番にやらせた。ひとり五千円。嫁に二千円やって、俺は三千円取るねん。日雇い労働者なんて、昼間に体を使って疲れてるからせいぜい十五分や。まあ、乳揉む奴もおるから、そういう奴は三十分な。俺はぜんぜん平気。そういうことをさせることなんてなんとも思わん。だって、百十万どうするの？　俺は人夫に先に払うてるんやからな。もし、俺の立場だったら、俺は人夫に火つけられてるかもしれん。殺されとうわな。ゼニはな、命や」

私の前にあるレバ刺しが、店の明かりで赤黒い影を持つ。私は箸《はし》を置いた。

「当然いやがるでしょう？　旦那さんも、奥さんも」

「俺の前で有無なんて言わせへん。やれ、言うたらやるんや。金、払えんかったら、払える方法で払ってもらう。それだけや。百十万円の売掛金を、百十万で回収するのは意味ないねん。半年働かせて、二百五十万手に入れた。当たり前や。利子かかっとんのやで。今、金がなかったら命取られんねん。明日なんてない。今日。今日の現金や。だから体取るわけや。当たり前のことや」

話は、続いた。

「ほんまにそうやって銭払えんところに行って、回収してきたよ。百三十万円取るために、解体屋の家に回収に行ったときもそうやったな。十二月三十日にダンプ横付けにして、冷蔵庫から何から、家財道具をいっさいがっさい持っていくねん。子ども部屋のものには一切手をつけず、あとは布団も残らず全部や。その解体屋は、正月四日目に入院して、五日目に死んだ。肺炎でな。忌中《きちゅう》と貼ってある家に行って、嫁と子に『鬼！』言われたときは俺、思ったで。『ああ、やった。俺の勲章や』ってな。な、小説みたいやろ？　みぃんな、恵まれたやつは、こんなこと作り物でしかないと思っている。でも銭ってこういうもんなんやで。こんなことまでいくらなんでもしないだろう、と思ったら大間違いや。やくざまで、そこまでするかと驚いたよ」

そして、玄はもう一度指で輪をつくり、それを自分の胸に当てた。

「『やった。俺の勲章！』と思ったわ。俺は、その足で香典全部もらって帰ってきた」

「でも、……今は後悔してますよね」

私は、冷静な観察者になれているだろうか？

「なんで？　ありえへん」

「後悔、してないんですか？」

「俺はもう長いこと駆け込み寺をやって贖罪してきた。でもな、あのときは体張ってたからええねん。人殺し言われたってええよ。後悔なんてない。とことん人を追い詰めるっていうことがどういうことか、銭ゲバっていうのがどういうことか、みんな知らなすぎる。世の中甘すぎるよ。中卒のチョウセンの何もない奴が、どうやってドブ板から上がってくるか。ケンカが強くなったって、ヤクザにしかなれへんやんか。悪知恵とはったりや。一万円稼いだら、九千円残すねん。泥水すすっても、元手を作らなあかんねん。これぐらいの執着できるかやねん。ほかのやつらには絶対でけへん。俺はやったからってほかの奴らには、ここまで求めへん。俺はやるときは、とことん行くよ。

刺せといったら刺せる。二十五のとき、自分のからだにメス入れて元手作ってん。金作るためなら二階から飛び降りてでも金作ったろうっていうのが俺や。

しかばね乗り越えてでも、踏みつけてでも金稼いだろう思ってた。人殺し言われたら、勲章。俺にとったら勲章や、よくも悪くも、周りはみんな俺の力を認めんのやから。俺の通ったところには、ペンペン草一本生えん、そう言われたわ」

それから、私はどうしたろう。記憶がない。気がつくと、けばけばしいネオンまたたく夜の歌舞伎町を、急いで歩いていた。地下の新宿サブナードに下りようとしたが、もうシャッターが閉まっている。いまいましく思いながら、信号を渡り、JRの改札を抜けると公衆トイレに駆け込み、薄暗い便器の上にかがみこむと思い切り吐いた。

さっき食べたやき鳥や飲んだビールがジャージャーと出て、飛び散る。

吐いたあとにはひどい虚脱感が残る。完全に飲みすぎだった。あとからあとから、しつこく嘔吐がやってくる。目の奥が刺激されて、嘔吐するたびに、目からも鼻からも液体が零れ落ちる。次の日は仕事にならないな、と薄暗いトイレの中でうずくまりながら思っていた。

たぶん、私が監察医だったら失格だろう。

11

歌舞伎町駆け込み寺の相談室の中で、玄と向き合っている男がいた。

その男は、六十代後半。東京の下町で小さな工場を経営している。きっと仕事と生きることがほとんどイコールで結ばれるような半生だったにちがいない。

たばこも酒もギャンブルも、彼がたしなんでいるところが想像できない。油で汚れた爪と節くれだった手が、昭和の高度成長を、ものづくりによって支えてきたことを雄弁に物語っている。

小さなからだで精一杯背筋を伸ばし、スラックスのひざの上に手を置き、彼は玄の前に座っていた。剃ったひげにも、切りそろえた髪にも、白いものが見える。

「玄さん。こんなことってあるでしょうか」

そう言ったきり、彼は黙ってしまった。

長い沈黙のあと、彼はようやく口を開く。

今までいくつもの不況が彼の工場を直撃した。だが、それでも何とかがんばって立てなおしてきた。実直な人柄と、人の倍働く努力で、人に迷惑をかけることもなく生きてこられたのだという。

自分の力だけで工場が続いてきたわけではない、と社長は言う。

彼の片腕はパキスタンからやって来た不法滞在者。三十五歳で、もう十五年近く彼の工場で働いている。

実に家族想いのよく働く若者だった。最初のうちはすぐにやめてしまうだろうと思っていたが、それは外国人に対するよくある偏見だったと彼は振り返る。

日本の工員たちが次々といなくなっていく中、彼は辛抱強く仕事を覚え、器用に作業をこなした。わずかな給料から、国にいる家族に仕送りをするのだと言って必ず祖国へ送金していた。

はじめのころは人件費節約で仕方がなく雇っただけだった。だが、田舎町の貧乏な家から上京し、腕一本でやってきた彼と、その青年とは通じ合うものがあったらしく、気づけば親子のように親しくなった。毎日、朝から晩まで工場にこもり、一緒に昼飯を食べ、夕飯を食べさせに家へと呼ぶ。

やがてこのパキスタン人は、工場長という立場で若いアルバイトの工員を指導するようになった。彼はこの工場になくてはならない男だったのだ。いつしか、彼がどこの国籍で、どんな肌の色をしていようが気にならなくなった。

片腕。そんな言葉がぴったりだった。自分が隠居しても、彼さえいれば立派にこの工場を回していける。そう思ったのだ。

だが、社長の下を入国管理局の人間が訪れたことで状況は一変する。

「ここに不法滞在者がいるって聞いたんだけどね」

運よく青年がいない間にやって来たので、彼のことは見つからずにすんだ。誰もが気の知れた隣近所だったはずだが、いったい誰が密告したのだろう？

いったいなぜそんなことをするのか。青年は今の日本人では真似ができないほど、実直にささやかに人生を生きてきた。どんな罪を犯したというのか。彼がいなくなったら、この工場もすぐに立ち行かなくなるだろう。せっかく苦しい思いをして維持してきた、命よりも大切な工場は、彼の不在という穴を抱えたまま取り残される。

青年がそこに存在し続けた月日は長く、人ひとりぶんの不在は、近くにいた人間にとって、とてつもなく大きい。その穴は、もはや誰にも埋められない。

捜査機関が来たという話をすると、青年の、まつ毛の長い大きな瞳から、ぽろぽろと涙がこぼれた。

「シャチョウサン、ドウシタライィ？」

「大丈夫、きっと、守ってやるよ。きっとだ」

社長は、大きな身体を丸めて悲しみに暮れている青年の背中をさすってやることしかできなかった。

「それで、俺にどうしてほしいんや」

玄は、男を見つめて、そうつぶやく。

「はい。お願いがあって来ました」

社長は、長い沈黙のあと、搾り出すようにしてこう言った。

「強制送還されたあと、再び日本に来る密入国の方法を教えていただきたくて」

玄は、腕を組みなおして社長を見る。

どれほどの覚悟だったのか、社長は額にうっすらと汗をかいている。

「本気で言ってるの？」

「はい。きっと、玄さんなら、そういう方法も教えていただけると思って」

「ふーん」

男が、唾を飲む。

「こんなこと、ここにしか相談できません。私は悪いことなどひとつもしてきませんでした。でも、納得できないんです」

男は、出されたコーヒーを飲む。そして、ズボンからハンカチを出して手をぬぐった。

「あんた、その男がよっぽど大事なんやな」

玄がそういうと、ふっと、男の表情が緩む。そして唇が震えた。

目がみるみるうちに赤くなっていく。

そしてまた男の長い沈黙が続いた。無口な人のその沈黙は、相談室の空気を重くした。

「玄さん、殺人をしたってね」

「……」

「殺人だって、時効は十五年ですよ。ひとひとりを殺したって、十五年したら許されるんです」

男は自分の手元に目線を落とす。

「そうやな」

「殺人より許されないことなんでしょうか。ただ、生まれてきた国が貧乏だっただけです。人のものを盗んだわけじゃない。誰かをだましたわけでもない。工場で部品を作って、家族に仕送りして、ささやかな生活して。日本経済を支えてきたのは、彼らだと私は思うんです。安い労働力が必要なのは、この日本のほうだったんですよ。殺人だってね、たった十五年ですよ。殺人犯だって、たった十五年で許される（公訴時効撤廃で現在は十五年以上経っても訴追される）」

「それは、わかるよ」

玄が、珍しく「わかる」と言った。

韓国籍の玄が、どれほどの屈辱を味わったかなど、私たちの想像の及ぶものではない。

「密入国のルートは、人脈を使ったらわかるかもしれんけどな」

「ほんとうですか？」

「でもな、あんた見るとわかるねん。あんたには、悪いことはできん。

悪いことするやつは、ひとめ見たらわかんねんで。

俺な、やくざも、政治家も、経済界の人間も、僧侶も見てきたよ。

でもな、職業関係ないねん。

ずるいやつは、ずるい。悪賢いやつは、どんな職業でも、年齢でも悪賢いねん。

あんたは、できんやろ？

悪いことできへんよな。

商売でも、大まじめに、人をだますことなくやってきとんのやろ？　商売やっとる奴は、どっかずるくないとできんけど、あんたは、ずるさもなくやってきた。ちがうか？」

「はい」

「あんたに悪いことはできん。それは、生まれつき持った才能やねん。あんたは、悪いことしたら、必ず捕まる。わかんねんで。嘘がつけないっていうのは、人間の立派な才能のひとつや。

あんたは、嘘をつかないという才能がある」

「そんな」

「なあ。俺は思うんやけど、もしもそのパキスタンの人が捕まったらそれは運命とちがうかな。滞在許可を申請して、それでダメなら運命や。

人間、できることとできんことがある。俺はいつも、願いは必ず叶う、って相談者には言ってるよ。本当に俺がその気になれば、密入国のルートなんて、なんぼでも見つけられるやろな。

でも、考えてみ。この十五年間、あんたは夢のようなひとときを過ごしてきたんや。

実直で働き者の息子のような工員と、工場動かして、働いて。あんた、幸せ者や。多くの人間が、自分の工場手放さなならんかったときにも、あんたは工場を守り続けられた。すごい幸運や。

その青年かてそうやで。あんたみたいな父親代わりと出会えて、よかったやないか。幸せに暮らせてよかった。

なあ、悪いことしても無駄やねん。あんたは、悪いことしたら必ず捕まる。予言したろ。

そしたら、結局しまいや。

青年も戻って来れないし、あんたも老後をふいにする。

法的手続きで、できるところまでやってみて、ダメだったら運命やと思い。手に職を持っているパキスタンの人は、きっと国に帰ってもやっていけるやろ。人って強いで。そう信じる。信じてやるんや。

あんたはいつまでも工場にしがみついていたらあかん。もしも、青年が捕まることになって、立ち行かなくなったら、手放すことや。

あんたな、せっかくの努力を無駄にしたらあかんよ。晩節《ばんせつ》を汚したら、あかん」

男はしばらく聞いていたが、

「わかりました。ありがとうございました」

と、静かに頭を下げた。玄が無理だというのなら、きっと無理なのだろうという、あきらめの境地だったのかもしれない。

「それでもね、殺人罪だって、十五年なんですよ」

玄は、男の口からそう漏れたような気がしたが、たぶん空耳《そらみみ》だったのだろう。

12

守銭奴となって金を猛烈な勢いで稼ぎはじめて以来、玄とやくざとの小競り合いは、日々続いていた。

ある日、玄は、玄に命を預けたというふたりと、車に乗っていた。暴力団幹部Aの経営する塗装工場へと彼らは向かっている。後ろの席に座った玄の横には、ガソリンの入ったタンクが乗っており、車が揺れるたびに、それはポチャポチャと軽い音を立てた。

これから、三千万円の手形の回収に向かうのだ。

玄は、Aを信用して手形を振り出していた。口約束での支払は半年後。だが、この男は今すぐに手形を金に換えろと言い出した。

「話がちがう」

そう思ったら、すでに体が動いていた。それは、相手に何の猶予《ゆうよ》もあたえないすばやさである。奇襲こそが、最大の効果を上げると彼は知っていた。

こんなエピソードがある。

以前、匿名《とくめい》で「殺すぞ」という言葉が彼の留守電に入っていた。玄は、ただちに、それを吹き込んだ相手をつきとめて、その二十四時間以内にはもう、その声の主の前に立っていた。それは、面識のない暴力団関係の若いチンピラだった。まさか、ここまで来るはずがないと思っていたその男は、玄を見てただ呆然《ぼうぜん》と突っ立っていた。

同じ組の暴力団員がいる中、その組員に「この落とし前をどうつけんねん」と詰め寄る。男の仲間たちが「何さらす」と玄を押しとどめようとすると、玄はそれを跳ね返し、彼らに留守電を再生して聞かせた。

「兄さんたち、俺にもメンツがありますねん。こう脅されたらあんたたちはどうします?」まくし立てて、仲間にかばい立てする反論を許さなかった。

結局「殺すぞ」のたった四音で、彼は三百万円の慰謝料を取った。

玄は自分を脅かす相手をそのまま放置しておくような男ではなかった。それが彼の中でのルールなのである。それはわかりやすい形で彼の周りに知らされた。

玄たちを乗せた車は工場の敷地へと突っ込んでいく。運転手は倉庫の前に車を横付けにした。玄は外付けの階段をカンカンカンと音を立てながら二階の事務所へと上がっていく。

一方、揮発性の塗料が山積みされた工場の前では、玄の部下がガソリンタンクを置き、蓋を回してそれを開けた。少し離れたところからも、その注ぎ口から立ち上るガスが蜃《しん》気楼《きろう》のようにゆらゆらと揺れているのが見えた。

「俺に指一本触れてみい。下のやつが火をつけるど。さぞかし燃えるやろなあ」

部下たちは、玄のいる窓を見上げていた。

玄は、幹部との間合いを詰める。

「俺は、支払いが半年後だと信用して手形を切ったんやないか。それを今払えとはどういうことや？」

相手の声が、かすかにうわずるのを、玄はよく聞こえる耳で聞いていた。

「平山。お前、頭変なんとちがうか」

玄はいよいよ冷静になった。声は低く、そして冷たくなっていく。まるで教誨師《きょうかいし》が罪人に言い聞かせるようなゆっくりとした口調で、彼はこう言う。

「なあ、俺は何の理由もなくここに来ているのとちがいまっせ。胸に手を当てて、よく考えてくれませんか。俺はいまさら命なんぞ惜しくもない。もし俺に何かあったら、あんたはんも地獄に道連れでっせ」

階下では、可燃物に引火しないように、相手の手下が必死で扇いで、気化したガソリンを飛ばしている。

玄の行動は、まるでどこかの大衆小説のようである。だが、これこそが彼の流儀だった。誰から見てもわかりやすい派手なやりかたで恐れさせる。それは、今の歌舞伎町駆け込み寺というインパクトのある人助けにも通じる手法だ。

だが、考えてみるのだ。たとえこのような方法を思いつく者がいたとして、世間のどこに実行する者がいるだろう。それをやり遂げられる覚悟もなければ、技量もない。もしそれを実行するとすれば、よほどの狂人か天才だけだ。つまり、紙一重《かみひとえ》なのだ。

本当にこの男は、衆人の前でそれをやってのけてみせる。

「そこまでやるのか」

その驚きが大切だったと玄は言う。

「あいつを怒らせたら何をするか、わからん」

そういう噂が立つのを玄は望んでいた。そして望みどおり、彼は何をしでかすかわからない不気味な怪物となっていた。

幹部に詰め寄っていた玄の言葉が、すっと緩くなる。彼一流の駆け引きである。

「なあ、そもそも、どんな約束だったんや。あんた覚えてるやろ？　俺の手形、見せてみ」

相手が手形を玄の目の前に出す。相手としては手形の期限を見せて、自分が金に換える正当性を主張したかったのだろう。

だが。それを玄に見せたとたん、玄はそれをひったくってぱくっと口の中に放り込んだ。

「あっ」

その場にいた周囲の人間が、あっけにとられる。

「おんどりゃ、何すんのや」

組員たちのドスの切っ先がいっせいに玄に突きつけられる。

その間にも、相手の部下がさらに七人、事務所に入ってきて玄の周りに黒々と渦を巻いた。あちこちから地鳴りのような怒声が上がる。

周囲にいた男たちに青筋が立ち、顔が真っ赤になるのを、玄は冷静に見回していた。不思議と恐ろしくなかった。

もし今、彼らが玄に手出しをしたら、玄の部下は間違いなく火をつける。まさに一触即発だった。何かのはずみで、そこにいるすべての人間が爆発音とともに燃え尽きる。

玄の頭の中は、これ以上は無いと思うほど涼しかった。こうやって命の駆け引きをやっているときの体の血の沸き方と頭の涼しさが、生きているという実感だった。

相手もまた同じ恐怖の中にいる。その連帯感が気持ちよかったのかもしれない。幼いころ、必死になって食べ物をくすねた。その必死さが、かつて彼の心の虚空《こくう》を埋めていた。しかし、金を得て余裕が出てしまえばその欠落感があらわになる。それが玄には耐えがたかった。

だが、こうやって闘っているときの忘我の感覚といったら。

〈これで死んだかて、俺はいったい何を失う。それに比べて、相手の顔ときたら。真っ赤やないか。いったいちっぽけな人生の何を失うのを恐れているんやろうな〉

怒りと恐怖で顔をゆがめている男の顔が、滑稽だった。

窓から見下ろすタンクの赤が、妙に目に映えた。

〈一緒に地獄に落ちるなら落ちようや〉

だが、玄がこのときいたのは、すでに地獄ではなかったか。

両者にらみあったまま、八時間の押し問答のすえ、結局ほかの組幹部が間に入ることになった。債務の弁済は、玄の主張どおり半年後となり、この件は幕引きとされた。玄は無傷で帰されたのである。

信頼を裏切られたときの玄の執拗なまでの攻撃は、暴力団関係者の間でも有名になった。

「あいつ、どっか、おかしいで」

そうささやかれているのを玄は知っていた。暴力団の組頭からさえ、

「平山さん、あんたは煮ても焼いても食えん男やな」

という言葉すらかけられた。それは誉め言葉のようであり、異形《いぎょう》の人間を見るようでもあった。

玄は可笑《おか》しかった。小学校のとき、恐れとさげすみの目で自分を見た教師と同じ目を、やくざが向けている。

〈俺より強いやつなんておらへんやんか。結局のところ、みんな、大事なものをかかえて生きてきてんのやな。俺ほどひとりで生きてきたやつはおらん〉

玄は、ときどきこんな話をする。

「前にな、どっかの酒場で、不幸自慢大会っていうのをしたことがあるよ。『俺は高校のとき、親に捨てられて』っていうやつがいた。『ええやんか、高校までは、親の愛情

を受けて育ったんやろ』そう思ったよ。

『俺は施設で育った』というやつもいた。『ええやんか、施設の職員が優しくしてくれたやろ』そう思った」

だが。恐れられれば恐れられるほど、彼はいよいよ、たったひとりきりであった。

あいつを裏切れば必ず復讐に来る。その執念深さが評判になれば、おいそれとは自分を裏切ることはしないだろうと玄は踏んでいた。すべての者が、玄に一目置いていた。

それこそが、彼の「勲章」の意味だったのである。

小学生のころから、彼のやり方は同じだった。恐怖というインパクトで人を操ることだった。

ひとりで生きている自分にはそうやって自分を大きく見せる以外に生き残る道はない。そう思い定めていた。

狂っているように見せること、何をするかわからない得体の知れない人間であり続けること、そして恐怖で人心をコントロールすることこそ、彼が生き延びる方法だった。

父親の好き勝手でどこにでも連れて行かれ、そこで生き延びるほかはなかった。そこには玄を除いた家族の団欒《だんらん》があった。クラスの団結があった。その誰ひとり味方のいないところで、彼は自分を守った。継母は機嫌しだいで玄の頬を殴り、外へと追い出した。教室では徒党を組んだ相手に囲まれたことなどいくらでもあった。チョウセンと見れば、ものがなくなると真っ先に疑われ、みんなの目の前で身体検査をされた。

そこで、たったひとり誇りを守り、帝国の王であるために何が必要だったか。

それは力だった。感情を完全にコントロールできるほどの精神力と、人を畏怖《いふ》させる圧倒的な力だった。自分より力のある人間は当然いた。だが、そいつらに負けたら、自分には休まる場所はどこにもない。一気呵成《いっきかせい》に敵を封じ込めることが、彼にとって唯一の道だったのである。そのルールに、子どもも大人もなかった。人間の恐怖に訴えかける。そして、反撃する気を萎えさせる。それこそが彼のやり方だったのだ。

狂っていると見せかけて、彼の中にはいつも計算があった。やくざの前で自分の手のひらをどんとテーブルの上に載せ、そこにまっすぐドスをつきたてたこともある。そのためらいもない一瞬の行動が、百戦錬磨のやくざにすら恐怖を与えた。それは、自分がここまですれば、指をなくさずにすむという考えがあってのことで、いきり立っている相手の気勢をそぐ彼のやり方である。だがやはりそこまでするときの玄は、人間の防衛本能に大事な、何かの回路が繋がっていなかった。

〈俺には、何か欠けているのかもしれんな〉

そんなことを、ふと思った。玄にとって恐怖とは、小さいころから最も慣れ親しんだ、棲み家のようなものだった。

だが、彼の生き方は同時に、猜疑心《さいぎしん》という強烈な副作用を与えた。

妻も子もあったが、その妻でさえいつか裏切るのではないかと思っていた。彼は子飼いの部下に、自分の留守中の妻の動向をひそかに探らせていた。そして、妻が少しでも自分に対して背を向けるそぶりがあれば、すぐにでも切ってしまおうと考えていた。自分は家族に背を向けて、向き合おうとはしなかったのにもかかわらず、妻には絶対の忠誠を望んだ。

玄は二度と自分の生涯で裏切られたくはなかったのである。その脳裏にあったのは、母親に捨てられ続けてきた過去だった。だから、裏切られて捨てられる前に自分の方から捨ててやるのだと思っていたにちがいない。妻とは、彼女に裏切りのきざしを見つけだしてすぐに離婚。彼は「どこかでそれを待っていたんやろな」と言っている。子どもには十八歳になるまで、月三十万円の養育費を払い続けた。

しかし玄も女遊びをしていたのだ。妻はさびしさで魔がさしたのではないだろうか。

そんなまっとうすぎる質問をしても玄には届かない。彼にはただ「相手が裏切らない」ということが大事だった。妻は離婚した翌々年に再婚した。玄はまだ当時、体の関係もなかった女性のところへと転がり込み、そのままその女性と再婚している。だが、次の妻との間にも、やがてすきま風が吹く。玄は家にいようとしなかった。再婚した妻との間にも子どもはできたが、自分にはその子たちをどう扱っていいのかわからなかった。

「保護者参観にも出かけたよ。食事にも連れて行ってやった。だが、子どもの前だと構えてしまう。自然に父親をやることができんのや」と玄は言った。父親のなり方がよくわからなかった。

部下にしても同じだ。腹心の部下だとそのときは思っても、忠誠にはどうせ賞味期限があるとどこかで思っていた。自分の会社にはひそかに金を握らせてスパイを置き、そこにすえていた社長や取締役がどんな生活をしているかを密告させていた。そして金使いが荒くなったり、女に入れあげていると知れば、ただちに会社ごと切って捨てた。

女遊びは盛大にした。十年で千人以上の女は抱いた、と彼は語っているが、それにしたところで、ひとりに入れあげてその女に裏切られたときに傷つくのが怖かったからだ。母親に捨てられた、という恐れは常に彼の根底にあった。彼は、たくさんの女と同時につきあって、さまざまな保険をかけた。

本気で好きだと言ってくる女もいたが、そんなときには、

「お前、俺のために一緒に死ねるか？」

と刃物を女の前において、心中を迫ることもした。

だが、そのときの女の目に、玄に対するかすかな恐れが浮かぶのを見るや、〈やっぱりな〉ととたんに醒めた。本当に手首を目の前で切るような女も中にはいたが、細い糸のようなためらい傷ができるのを、冷たい目で眺めただけだった。

幾人もの女と寝ては別れているうちに、二回は寝ても、三回目は寝ないとルールを決めるようになった。自分が求めすぎてしまうのも、相手が寄りかかってくるようになるのも、玄には耐え切れないことだった。息苦しい、と思っていた。

恐怖、そして猜疑心。両手にそのふたつをかかえ持って、何にも頼ることなく、たったひとりで立っていた。

人は、表向きは玄の意のままに動いた。だが、本当に自分をどこまでも見限らない人間が果たしているのだろうか。恐怖で押さえつけられている人間の心のうちをいやというほど知り尽くしているのは、何よりも玄その人だった。

蛮勇《ばんゆう》を見せる玄に心酔する者もいただろう。心の底から玄を支えたいという女もいたに違いない。だが、疑えば疑うほど、人が自分を裏切る証拠が見つかった。そうすれば、もう、こちらから手を切らずにはいられなかった。

無条件の愛とは何だろうか。玄がその答えを求めようとしても、どうしてもうまくいかなかった。それは、ネイティブではない言語を、大人がいくら学んでも、学んでも、自分のものとしきれないような感覚ではなかったか。多くの人が、まるで生来のもののようにして持っている愛情というものを、彼はどうしても信じきれない。理屈でしか理解することができない人間の絆は、油断すればすぐに腐って死臭を放つもののように見えた。猜疑が玄の心を閉ざし、それがまた、猜疑を呼んだ。

玄は安眠できなかった。つらいとは思わなかった。小さいころ父親が酔って帰れば、無防備に寝ている玄に蹴りが入ったものだった。継母はちょっとしたことで機嫌を損ね、玄の頬を打った。そんな日々を送った玄にとって、弛緩《しかん》して眠ることのほうが珍しかった。別に辛いとは思わなかった。むしろ、いつも何かと闘っているほうが楽だった。

玄はものを所有することに何の興味もなかった。ロレックスであろうが、ベンツであろうが、同じことだった。手に入れたそばから興奮は醒めて、ふーん、こんなもんか、と思ってしまう。金を貯め込んでそれが増えることに喜びを見出すでもなかった。不動産に投資し、資産を増やすことが嬉しいわけでもない。それよりも使いたい。金に糸目をつけずに湯水のように使うことに快感があった。彼は夜の街に札をまいた。それは、やくざから死守し、水道屋の女房に体で返させ、解体屋の遺族から根こそぎ剝がした金だった。

会社をいくつも作っては潰した。三十歳を過ぎると、ちょくちょく東京へ来ては遊んで、また神戸に帰ることが多くなった。

銀座のナンバーワンホステスをひと晩抱くのに百万円積んだとか、花柳界でどんちゃん騒ぎをするのに、一日で数百万単位の金を使ったということが、玄の話の中に出てくる。

若い彼が、好奇心にあふれて、いろいろな世界へと首を突っ込んで行っただろうことは想像にかたくないが、だからといって彼が今までの反動で放蕩生活に溺れたと見るのは間違いのようだ。

緻密に計算して、数手先まで組み立てる玄が、ただ自分の快楽を満たすために、札ビラを惜しげもなく切るはずがない。彼は本能的に知っていたのではないか。上りつめたものは必ず引きずり下ろされる。いつか必ず、誰かに取って代わられる。その前に、自分の人生のすごろくの「あがり」を見極めておかなければと思っていた。文明社会の世の中で、彼の目に映る世界はあい変わらず弱肉強食だった。

易経六十四卦、乾為天《けんいてん》の上爻《こう》に「亢龍有悔（こうりゅうくいあり）」という言葉がある。高く天に上りすぎて極まった龍の姿を意味している。昇ることしか知らず、退くことを知らぬ龍は、天にあり孤独で、やがて力尽きて落ちてしまう。

今のやり方では、早晩力尽きることを知っていた。だからこそ、金を通行手形に、さまざまな人間を物色して歩いた。自分より強い人間はどこにいるか。自分はどうやって未来を歩んでいったらいいのか。どこかでそれを見極めようとしていたにちがいない。

やがて、金を払って夜に遊んだ人脈が実を結び、彼をさまざまな人へと巡りあわせることとなる。それはもう計算されつくしたように、万遍《まんべん》なく人間社会のなりたちを見て歩いている。万華鏡のように変わっていく人間模様に、ついわれわれはとらわれがちだ。だが彼の場合は、その細部に情をこめないぶんだけ、とても整然と、客観的かつ冷静に見ていた。

彼は自分の先を行く者の登場を心待ちにしていた。彼の師ともなるべき先達がいたら、その人についていこうと決めていたのだ。彼は、自分のいる世界からの出口を求めていた。ゆえに、さまざまな人々の棲む世界を、札束をばらまきながら、ひとわたり巡った。

政界、実業界、芸能界、宗教界、さまざまなひとびとに出会い、彼はその目で彼らの世界を見て回る。

成長期に、大人との間で、しっかりと人間同士の絆を築くことができなかった彼は、自分の中に、孤独感や猜疑心といった、さまざまな障害があることを意識していた。

玄の人並みはずれた生命力は、やがてその欠損を補うため、新しい形の人的ネットワークを構築していくことになる。

それは有情の絆というよりも、かなり乾いたものだった。情という余計なフィルターがかかっていないぶんだけ、玄は人間社会の「文法」を系統立てて学ぶことができたのだ。彼はまるで、ミツバチの群れを研究する昆虫学者のように、客観的、俯瞰的な目で人脈を捉えていた。

今、彼が相談者の問題を見抜き、うまく機能しなくなった関係性を絶ち切って、新しい生活へと向かわせようとするのは、ここで培《つちか》われた能力によるものではないか。

玄はかつてこんなことを言っていた。たとえば東京生まれの人物がいたとする。ある家族のもと、ある地域で育ち、幼稚園小学校とその時間を積み重ねて大きくなる。いわゆる地縁血縁である。やがて大学に入学し卒業するとそこに学歴が生まれる。そこを卒業すると会社に就職し、そこで人間関係を広げる。それが職歴である。ごく一般的な人々は、このような同じ場所での一定のスパンの時間の積み重ねによって、人的なネットワークからセーフティネットまでを保障される。これがごく一般的なあり方である。

それを、地中から伸びた一本の茎《くき》であると、玄は喩《たと》えた。

「たとえば、チューリップが、すーっと伸びてきれいな花をさかせているとしようか。それが、一般の人間の生き方や。でも、スパンと茎を断ち切れば、それで枯れてしまい、おわりや。それが、その人間の弱いところや」

そこで玄は、新しい生き方を指南する。

「地下茎を伸ばす生き方や。地下茎は、ある人間から、ある人間に、一見、外からは見えない形で伸びている。俺はそこをたぐって、どこにでも芽を出すことができる。地縛りっていうタンポポみたいな雑草を知っているか？　農家に嫌われる雑草や。取っても取っても、違うところに生えてくる。俺は、いわばそれみたいなもんや。Aという場所で芽を出してそこで刈られようが、Bという場所で平然と芽が出せる。どこにでも行けて、そこで生活をしていける。Bがダメになっても、C、D、Eと、まったく違う人脈が俺を助けてくれる。明日から言うたら明日、ちがうところで商売できるよ。それは俺が、地縁血縁、学閥、会社を持っていないからや。それに頼らないからこそ、自由に生きていける」

縦軸で語られる人生ではなく、横軸で語られる人生。人間の絆の生成と消滅を、彼は網の目のように見ている。ここの絆が切れたら、あちらの絆を結びつける。そうすれば生き残ることができる、と彼は説いた。

人間の出会いの、生成、消滅の営みは、大きな世界から見ればほんの一瞬の瞬きに過ぎない。生、滅、生、滅。出会い、別れ、出会い、別れ。永遠などない、うつろいやすい絆は切り結びすればいいだけのことだ。

たとえば、玄のところにやってくる一組の夫婦の離婚劇は、彼らにとって重大事だ。だが彼は、そこにあえて情をさしはさもうとはしない。その絆を切って、またどこか別の絆につなぐことを諭《さと》す。たしかに、それは今までの人生の解体作業だ。だが、未来への可能性へと目を向けさせるものでもあるのだ。彼にとってすべての関係性は小さなできごとだと達観している。いつも移り変わるのが人的ネットワークの姿だ。彼はそう思っていた。

彼の見ているものは諸行無常なのだろう。だが、この諸行無常は、桜が散ってむなしい、といったセンチメンタルなものではなく、もっと乾いたものだ。人、金、モノとの関係性は永遠のものではなく、生成・消滅が宿命的なものである。とするならば、本人がそれと覚悟して自由に切り結びできれば、もっと楽に生きられるだろう、そのような考え方であり、ある種のあきらめである。

彼は、天台宗の酒井《さかい》雄哉大阿闍梨《ゆうさいだいあじやり》と出会い、得度を受けることになるが、彼の口から、仏教の言葉を引用して、何かが語られるようなことはほとんどない。

いつでも、具体的な方法論でしか、ものを語らない男である。

だが、彼の考え方は、執着を捨てよという仏教の教えに非常によく重なるものだった。

玄は西成で人を買い、きわどい商売をする一方、東京までやってきて、毎晩、お座敷をあげて、ひと晩数百万円をつぎ込んで遊んだ。

新宿で飲めば新宿の客筋が見えたし、六本木で遊べば六本木の客筋が見えた。銀座にも赤坂にも別の客筋がある。

「いったい、どんな世界やろ。ちょっと、のぞいてやろうか」

その当時の玄には、ギラギラとした好奇心があった。もちろん西成で人買いをしているなどとは言わない。神戸のボンボンが遊びに来ている、としか周囲の人間は思わなかったらしい。

ある日、彼は芸者Mと知り合いになる。映画『あげまん』のモデルとなった芸者である。彼より十六歳ほど年上の彼女は、驚くような広い人脈を持っていた。女であっても、かなりたくましい人だった。心遣いも一流で、人の世話もよく焼く。彼女を介して、玄は政界、財界、実業界、芸能界をぐるりと見て回ることになる。

「ちょっと、紹介してあげるわ」

彼女の導きで、さまざまな人間と引き合わされる。財界のフィクサーを紹介され、その関係で元運輸大臣の三塚博にも出会う。そして彼の紹介でロータリークラブにも入会を果たしている。

そこにはさまざまな名士が集っていた。華やかで、豊かで、きらびやかな世界であった。さらに、彼女から伸びた人脈のひとつに、サパークラブ「お福」のママがいて、彼からも、政財界、芸能界の重鎮へと人脈が伸びる。

「どうでした？　玄さんのあがりが見えてきましたか？」

玄は、首を振る。

「あかんわ。金持ちになったらいい暮らしができる。中学卒業して寿司握っていたときはそう思ってたよ。でもな、みんな不自由やねん。俺はたったひとりやから身軽なもんや。要するに小型ボート。ハンドル切ったら自由に動く。でも、あの人らは大型タンカーやねん。止まろうと思っても、左右に曲がろうと思っても、自由に行けん。あわてているうちに岸壁にぶつかるだけ。

金は手に入れても、ゴルフ、家、女、使い方はワンパターンで、おもしろくない。俺は西成から赤坂に来られても、あの人らは、誰も、赤坂から西成にも来られんもんな。

あわれなもんやで。

そして、何より上った場所から滑り落ちるのが怖い。自分が転落しないように精一杯やねん。下に落ちたことないやつには、下の世界は怖いんやろな。もしも俺より強いやつがいたらついていこうと、思ってたと思うわ。でも、みんな俺と同じやないか、誰もがおびえ、誰もが自分のことで精いっぱい。うなるほど金を持っていても、たったひとり孤独におびえ、自分の面倒も見切れん」

中には、玄が土建屋と知るや、知り合って数日にもかかわらず、さっそく中部国際空港の砂利についての話を持ってくる政治家もいた。もっちろん利権がらみの話である。しかるべき人間の紹介があれば、彼らはあまりにも人を信じ、あまりにも無防備であった。

「急いでいるんやろうな、そう思ったよ。あの必死な姿に、選挙のための資金作りにあせっているのが見えたわ」

「玄さんは、その話に乗ったんですか？」

「アホか、乗るかいな。あいつら金儲けにはシロウトや。危険な話やで。うっかりすると収賄でパクられるわ。あいつらと心中する気なんかない。俺はそんなことせえへんでも稼げるもんな」

大企業のトップにしても、自分の胸ひとつで詫びすら入れられない姿があった。自分の一挙手一投足は大企業の総意であり、ほかの役員の同意を取り付けなければならない。

〈そもそも金の使い方すら知らんのやな〉

玄の懐にある一万円にはべっとりと手垢《てあか》がついている。人の汗と血と、怨念《おんねん》と、執着。

玄は痛いほどそれを知っていた。銭の意味を知っている玄が、豪快に札束を切った意味は重い。

だが、玄の巡りあった人々は、自分の持っている一万円に玄ほどの意味を込められない。

金がどこから来て、誰から流れてくるのか知らずにいるぶん、彼らのほとんどは金ばなれが悪かった。

玄は微笑みを絶やさないようにしながら、裏では冷静に人を見ていた。

彼はこの人脈に金を持ち込むことを好まなかった。金を持ち込んだ時点で彼は警戒されるだろう。そう心理を読んでいた。

彼は人を見に来ているのだ。ここは人間社会を見るための学校である。学校に金を払うのは当たり前。教師相手に商売なんかせんやろ、と彼は語っている。

彼が金と人との結びつきをどう考えていたかを考える上でのヒントとなる言葉がある。

「最初の従業員を雇ったときには、ほんまに嬉しかったわ。俺はこいつを買ったんや、ってな。俺ひとりの経験した世界なんて限られている。だが、こいつの向こうには、こいつの人脈として十人以上がつながっとる。それをたどればその先の人間が、また十人がつながっとる。そうやって俺の知らない世界へとはるかにつながっているんやで。こいつに払う金を、月給だなんて思わんかったな。動産を買ったローンみたいに思っていたわ」

彼は、体を張って作った金を人的ネットワークという目に見えない資産に対して投資したのである。

人と人とのネットワークを、われわれは普段ほとんど意識をすることはない。家族や学校、会社などの社会の中にいる者にとって、人と人との結びつきは、既存のシステムとしてすでに当然のように構築されていて、当たり前のこととして自分自身がその中に組み込まれている。その内側からは、決して全体を俯瞰《ふかん》することはできない。

だが玄は、その特殊な生い立ちで、社会の外側にいたからこそ、人が見えないものが見えたのである。

もちろん、そうやって人と人との関係を見極めながら、どこかでそのネットワークの中で、救われようとしていたに違いない。

彼は、札束を切っても切っても、むなしさは抜けなかったと述懐している。

「もう金を使うのにも飽きた」とも。

だが、銭ゲバの末路は、玄の想像の外だった。どうしてもその続きが知りたい。玄はそう思っていた。

彼は、極端に金儲けへと突っ走っていたがゆえに、人生のデッドエンドにたどり着くのも時間の問題だと心のどこかで思っていた。このままでは早晩、破滅する。どこかで昇りつめた山を降りなければならない。それでも後姿を見せたら誰かに刺されるだろう。誰も信頼しきれず、ひとりただ恨まれながら、妬まれながら、立たなければならない。

このような玄が、やがて精神的な支えを仏教に求めたのは、無理もない。過去の新聞記事では、酒井雄哉大阿闍梨とともに歩いた東北行脚の旅が大きな転機となったとある。

だが、このようにして私なりに玄の実像が見えてきたと思うと、それを待っていたかのように、玄は私に低く語りかける。

「なあ。俺が何を頼りに生きてきたか知ってるか？　自分やで。俺のほかに何がいる？　過去のインタビュー？　あれは、これからお世話になりますいう名刺代わりやで。それこそふろしきや。いきなり人を救うと言ったってな、誰も俺のことなんて、わからん。誰も信用せんやろ？　だから、世間様にわかりやすいように、自己紹介しただけのことや」

そう言って笑った。

「では、阿闍梨さんとの行脚で仏教に触れ、転機が訪れたというのは？」

「残念ながらないよ。まあ、あの旅は、世間を見て回った弥次喜多珍道中みたいなもんや。ああ、世の中おもろいな、みたいな感じ」

「じゃあ、震災。阪神淡路大震災でボランティア活動をしたときの手ごたえが、今の玄さんを支えている？」

片方の口の端を上げて、玄は笑う。

「おお、あのときは、解体工事で三倍儲けさせてもらったわ。いつもはワルで稼いで後味悪いけど、震災のときはありがとう、言われて三倍儲けた。でも不思議やな。ワルの記憶は、どっかでいつまでも残っているけど、感動した記憶なんてあっという間に忘れてしまうのな。忙しくて、ああ、よかった、と思う次には忘れとるわ」

煮ても焼いても食えない男。

「でも、口でそうは言っても……」

どうしても、彼を真芯《ましん》で捉えたという実感がない。

偽悪か本物の悪党か。リップサービスか本音か。

もしかしたら私こそが玄の新しいふろしきを広げさせられているのか。

私が彼を書くというのは鰯《いわし》が大きな鯨《くじら》を飲み込もうとするようなものなのかもしれない。

一瞬、摑んだと思っても、次にはぬるりとかわされる。

彼の本心が計りかねて、私は暗澹《あんたん》たる思いにとらわれた。

13

二〇一〇年一月、午前四時三十分。大阪市西成区釜ヶ崎の濃紺の暗闇の中に私はいた。ずんと寒い。空からは、雪とみまがう小雨が降っていた。

玄が以前に人夫出しをしていた場所だ。

玄がどのような生活をしていたのか知りたくて、私は東京からの深夜高速バスを乗り継いで、ここにやって来た。

釜ヶ崎は、西成区にある日雇い労働者の街であり、二百軒以上の簡易宿泊所の並ぶ、いわゆるドヤ街（宿を逆さに読んだものと言われる）である。

あいりん地区とも呼ばれる釜ヶ崎は、大阪市の南部、西成区の東北端、ＪＲ新今宮駅南側に位置し、萩之茶屋周辺を指す。

面積は〇・六二平方キロメートル。この中に現在約一万人ほどの日雇い労働者たちが暮らしている。

歩いていくと、暗い街の中に巨大な建物が姿を現した。あいりん労働福祉センターである。建物は三階建てだが一階部分に大きなシャッターが何枚も下ろされており、上の階には古びたすりガラスが入っている。この建物の大きさから見ても中心的な役割をここが果たしているのがわかる。

シャッターの前に黒っぽい作業着を着た男たちが、ゆらり、ゆらりと、肩を揺らし、重い足を引きずって集まりはじめる。いずれもこれから肉体労働をしようというような気迫よりもむしろ、ずっしりとした疲労と倦怠《けんたい》を背負っているように見える。男たちには白髪まじりの者も多い。彼らの足元には茶と白のぶちの汚れた野良犬が尾をだらりと垂らしたまま歩いている。大きな犬だった。

センターの周りには店を出す準備をはじめる黒い人影がある。すでに弁当も売られており、その周りに集まった男たちがぼそぼそと低い声で何かをしゃべっているのが聞こえてきた。

ドラム缶の中で焚かれた火はオレンジ色に光り、たたずむ人のシルエットを浮かび上がらせる。

朝五時になると、一階部分の巨大なシャッターがガラガラという音とともに次々と開け放たれた。夜明け前の闇に沈む暗い街とは対照的に、中の燈々と灯った光によって、一階部分が明るく照らされた。労働者たちが次々と飛び込んでいく。中は魚市場のようにだだっぴろい広場になっていた。だが、そこは魚市場ではない。力、技術、経験、そして彼らの人生そのものを売る日雇い労働者の市場である。

そこに道路からミニバンやワゴン車が乗り入れる。ハイエース、セレナなどのミニバンのフロントに、一万円、九千円と札がかかっていた。一日の労働賃金というところか。これらの車が労働者をそれぞれの現場へと運ぶのである。

男、男、男、男、男、男、男。見渡す限り男しかいない。この労働者たちに囲まれて女は私ひとりだ。聞くところによるとこの街の男性の比率は八割以上。きわめて偏った男女比率である。

二階に上がると公共職業安定所になっている。ここもまた、だだっぴろいワンフロアに緑色の床が広がり、太い柱が何本も立っている。医者のいない野戦病院のようである。柱の下に、薄汚れた毛布をかぶった人のからだが、いくつも、いくつも、凍てついた床の上に横たわっており、みな、みじろぎもしない。こんな底冷えのする日には立っていても寒い。寝ていれば背中からも手足からも冷気が入り込んでくるだろう。朝早くから、カラフルなペンキの塗られた窓口の前に、複数の労働者がうずくまっていた。再び一階に下りる。はたから見ても求人は少なそうだ。活気というものがおよそ感じられない。二月は比較的求人が多いはずだが、冷えた景気を外から来た私でさえ肌で感じる。

彼らの息も、私の息も白かった。

私は人の群れの中で現役の人夫出しを探していた。玄がどのような仕事をしていたのか知りたかったのだ。だが、誰が人夫出しか、誰が労働者か、私には見分けがつかない。ハンドマイクの声に耳を傾けてみるが、政治的な主張が繰り広げられているばかりで、特に求人の声も聞かない。

あとから聞いたところによると、ここでは顔つけ、と呼ばれる方法で労働者を選ぶという。目立つ形で労働者を募ると、この不況下で仕事にあぶれた労働者から文句が出て混乱する。そこで、顔見知りに目配せして、そっと車に呼び込むのだそうだ。そうやって静かに選抜された労働者たちは車に乗り込む。だが、幸運にあずかれなかった多くの男たちは、仕事を得られないまま夜明けを迎えた。もうなじんでいるあきらめなのだろう。彼らの顔からは、怒りも悲しみも見えない。ただ朝のけだるさの中で、肩を丸めてたたずむだけだった。

センターをあとにしようとする私の後ろから、多くの労働者たちを残したまま、一台のマイクロバスが出て行く。

「なあ、兄ちゃん。うちで働かんか。うちに来いへんか」

一九九〇年代、バブルに沸くこの釜ヶ崎で、水牛の群れのように雄々しい男どもに、玄は声をかけ、バスに乗せていたはずだ。熱気が渦巻くこの地で、彼はどう生きていたのだろうか。

搾取《さくしゅ》する側の利益と雇われる側のプライド。うまくやらなければやくざからも人夫たちからもすぐに噛まれる。少しでも不満がくすぶれば爆発しそうなこの場所で、暴力団のバックもなく、ぎりぎりのバランスの中でやりおおせるのは、至難の業であったろう。

彼がこの釜ヶ崎で人夫出しの仕事を始めたのは一九八〇年からである。不況を乗り越え、いよいよ来るべきバブルにむかって釜が沸き立ち始めようとする時期だ。人間という生き物のひしめく中で、彼は生き延びた。

玄が、駆け込み寺を開いてからの知人だという釜ヶ崎支援機構の山田は言う。

「まあ、本人が悪事を働いていたっていうのなら、したのかもしれないね」

複雑な顔をして、灰皿を引き寄せると、彼はたばこに火をつけた。

「でもね、ひとくちに、人夫出しって言ってもいろいろいるからね。いい人夫出しもいれば、悪い人夫出しもいる。人夫出しっていう仕事自体、今でいう派遣業者だからね。昔は違法とされていた職業だけど、今はほとんどの分野で解禁になっているように、その仕事自体を社会が必要としていたんだよね」

必要悪、という言葉が頭に浮かぶ。

「まあ、当時の玄さんを知らないから、一般的な話しかできないけど」といって話を聞かせてくれた。

そもそも人夫出しとは、労働者供給事業を営むもののことであり、おもに土方などの労働者を斡旋《あっせん》する仕事だ。だがこれは職業安定法の労働者供給事業の禁止(四十四条)に抵触し、違法である。戦前当たり前のように行われてきた人身売買、強制労働を排しGHQの指導のもとで労働の民主化を目指し近代的な労働法が整備された。そして、そこでは人夫出しのような中間搾取は禁止されることとなったのである。そしてこの法律については一九六一年の釜ヶ崎暴動を機に厳しく運用され、人夫出しを取り締まるという動きになった。

だが、ことはそう簡単なものではなかった。人夫出しがいなくなるとどうなったか。さまざまなところで支障が出たのである。わかりやすい例を引くなら、たとえば港に着いた荷を降ろすための労働者をスムーズに手配できないことによって積荷のバナナが腐り、莫大な損害が発生した。港湾だけではない。建設、製造についても同じようなものだったのである。

そこで、大阪府議会が国に対して人夫出しの存続を嘆願、要望した。その結果、釜ヶ崎にだけ職業紹介をしない、アブレ手当(日雇い雇用保険給付金)を支給する職安ができ、人夫出しがそのまま黙認されることになった。かつては街に分散されていたヤミ手配師を、わざわざセンターを作って、その中に集めてやらせようとしたのである。

「人夫出しを排除して国が労働者を斡旋すればいいっていう考えもあるでしょう。でも、人夫出しっていうのは、ただ人を送り込めばいいってもんじゃない。土方、左官、大工、と現場で必要とする技術を持った人間を、パッ、パッと見分けて現場に送らなければならない。一目で人を見分ける能力がないとだめなんだよね。つまり、ただ単純に人を集めればいいのではなく、手配するための能力が必要なんですよ」

玄が日ごろ言っている、人を見分ける能力だ。

「行政は平等を重視するあまりに、人の能力も見ないで早いもの順で送り出したりするから役に立たない。ここでの求人は建設や港湾や製造業でしょ? 危険な業務です。めったな人を送ったらケガをしてしまう。だから、日雇い労働者の中から、必要なときだけ適材適所の労働者を集めてくる業者を企業は重宝にしたわけです」

彼らは経済を維持するのに必要な臓器のひとつなのだ。不法だからといって切ってしまったら、日本経済というひとつの生き物が動かなくなる。取り締まったら人夫出し業はもっと見えないヤミに潜《もぐ》るだろう。なぜなら彼らはシステムに必要だからだ。もしもこの部分を改善したいのならば、日本経済のしくみそのものを変えなければならない。建設、港湾、製造、この三つの労働力の供給基地は、高度経済成長時代からずっとこの大阪だった。特に建設や港湾については、景気の好不況や天候などによって、人が必要なときと不要なときもある。仕事がないときまで、労働者をかかえておくことのできない企業は、必要なときだけ必要な人員を欲しがった。だから、労働力を集めたり切ったりする装置を必要としたのだ。

徹底的なコストダウンを実現する。そう誇らしげに語られることがある。だが、コストを抑えるとは裏側から見れば、つまりこのような人柱によって実現される。日雇い労働者や、彼らを斡旋する業者。そういう装置を利用することによって生まれた利潤は、手を汚すことなしに安定した収入を得られる人々の生活を守っている。彼らは非正規雇用者の労働力を使い利潤を得ながら、労働者を集めることも、労働者を切ることも、やくざと喧嘩することも、悪事に手を染めることもなく、そこから得た果実を手にしている。

もし私が玄の立場だったらどう思うだろうか。

玄はかつてこう言った。

「金持ちっていったいどんな種類の人なんやろうな。一回会いにいったろ、この目で見たろ、と思ったわ」

この街に身を置いてみて、私は今、玄の言葉に同意できる。うまくやっているのは誰なのだろう。自分よりもずっと効率よくピンハネをしている人々はどんな種類の人なのだろう。そう思ったにちがいない。

山田は続ける。

「ただね、もしも、ほかに比べて労働者に対してあこぎなことを続けてたら、十七年も人夫出しなんて続けられないですよ。噂が広まって誰も行かなくなる。今はもうやくざの傘下に入っていない一匹狼の人夫出しなんて、絶滅したんじゃないかな。何度も言うようだけど、人夫出しだって、いろいろですよ。たとえば、金を支払わない元請けに、金払え、とつっこんでいくような、いい人夫出しだっているわけですよ」

この言葉を聞いて私は、水道屋の女房の体を取り、解体屋から身包み剝いだかつての玄の罪が、どういう大義で行われていたかを思い知らされた。男たちに一日の賃金を払うことができないということがどういうことなのか、肌で知ってしまったあとは、彼の覚悟が生半可なものではなかったことがよくわかる。

この街のホームレスは一説では千人以上。だが、山田は言う。たとえ今路上に寝ている男たちでも、彼らは今の若者よりずっと強い誇りを持っている。

「どうや！　このビルも、この道も、この橋も、みんな俺たちが造ったんや。俺たちが、この日本の礎《いしずえ》を造ったんやで。おっちゃんたちは、みんなそう思っていますよ」

彼らが今、欲しいのは仕事、もっと言うなら誇りだという。そして人に必要とされ、役に立っているという実感だ。

「失業者は孤独と寒さと病気で昼間から酒をあおってワーッとやる者もいる。だが、彼らは労働者なんですよ。必要とされるのを待っている。まだまだ、働かせてくれ、仕事をくれと、そう思っている」

彼らに仕事を提供するという玄の行為は、ただの中間搾取といって切り捨ててしまえるほど単純なものではない。この環境での彼の行動について、私が何らかの判断をくだすことはできなかった。

ここに住む者は言う。生きるための、すべての行為がここではあらわになると。

限りなく優しい者も、人がよくて誰かに掠《かす》め取られる者も、人をうまく使う者も、金儲けをする者も、すべてが生きるために、生きることをするほかはない。ひとり、ひとりに、その人の意味があり、外側からの御仕着せの価値判断などあまりに薄っぺらい。

厳冬の空から、みぞれまじりの雨が降り始めた。

私は、釜ヶ崎を後にした。


「僕は、神戸で平山さんが悪いことをしていたとは思えないんですよ」

神戸の長田区で玄の部下だったという男性に話を聞いた。彼が玄の下で働くことになったきっかけは、阪神淡路大震災だったという。仕事の内容は西成と同じ人夫出しの会社である。

一九九五年、一月十七日午前五時四十六分にそれは起こった。マグニチュード七・三、最大震度七。戦後最悪の未曾有の被害を出した。

この震災による死者は六千四百三十四名。即死者はその内約五千五百。その原因のほとんどが圧死である。

その中で長田区が最も多くの犠牲を出している。長田区には、古い住宅が集中して残っていた。それらは多くが労働者や年金暮らしの高齢者を受け入れるための木造家屋だった。のちの避難所での聞き取り調査によると、彼らのほとんどが賃貸で家賃三万円以内の家に住んでいたという。震災下では貧しい者が真っ先に死に、仮設住宅ではどこにも帰れないひとりぼっちの人間が、せっかく拾った命を断った。

〈やっぱり金か〉

玄がそう思ったのも、無理はない。彼らの無念を一番よく知っているのはほかならぬ玄だと思うが、表面的には乾いた感想しか洩れてはこない。

その日、玄のマンションはといえば、耐震設計がなされており、幸い無傷だった。ことの大きさに気づいたのはそれから約十五分後、あちこちから入ってくる電話からだった。テレビを見ると第一報は終わっており、断片的な情報しか入ってこなかったという。

高台にあるマンションの窓の外で須磨の町が燃えている。ただごとではない。とっさにに姫路にある会社に「ポリタンクとカブを買っておけ」と指令を出した。水が要る。そして小回りのきくバイクが必要だ。彼はそう直感したという。

家族を家に残し、長田区の妻の家に安否を確認しに行こうと一歩外に出た彼の目に映ったのはまさに想像を絶する光景だった。須磨から妻の実家のある長田までバイクで十五分。道端には被災者があふれ、アスファルトは陥没し、道路は渋滞してまったく動かない。救急車も消防車もなすすべがなかった。住宅街に入るとそこにあったのは、崩れた塀《へい》、横倒しになった壁、落ちた屋根、折れた電柱から垂れ下がり火花を上げる電線だった。そして倒壊した家屋から立ち上った粉塵《ふんじん》が白く降り積もっている。瓦礫《がれき》の前で絶叫する人、なすすべもなく呆然とする人々の姿があった。ボンと破裂音を立てて火炎が方々で吹き上がり街を熱くしている。黒い煙の中ではほんの少し先すらも見えず異臭が鼻を突き、喉が強烈に痛んだ。非常警報のけたたましいベルと鳴りっぱなしの車のクラクション、子どもの泣き声、誰かの名を叫ぶ声を聞きながら、玄はバイクをひたすら飛ばした。何人もの遺体を見て、何人もの負傷者を見た。

到着してみると彼の妻の家は倒壊し家族は生き埋めになっていた。幸い彼らは救出され九死に一生を得る。玄は友人知人を探しに神戸の街をさらに走った。混乱を極めた現場では固定電話、携帯電話の通信手段が一切絶たれ混乱していた。焼け出され近くに避難している人なども おり、その安否確認に丸三日を要した。数人の無事は確認されたが、四人は亡くなっていたという。

玄は、真っ先に救援活動にかかわっていった。

肉体労働や現場を指揮する能力には長《た》けている。まさに彼が必要とされる場だったのである。震災から数日たつと公園、学校、公民館、その他の地域にテント村ができはじめた。玄のもとで働いていた従業員も家が倒壊したためテント村に避難していた。玄はその従業員のところへ通うかたわら、各地から届く救援物資の仕分け、配給などのボランティアに積極的に力を貸すようになった。燃料となるガソリンを積んだカブで各地を走り回り、友人のところにも援助をし続けたという。

彼の仕入れた水を入れるポリタンクは断水の続いた街でおおいに役に立った。日を追うごとに死者の数も負傷者の数も増え続けていた。

その玄の乗るカブに、ときに二人乗りになって一緒に行動したのが、元寿司職人で、のちに玄の会社の支店を任される鎌田である。

家族や友人、家屋や財産を失い避難してきた被災者は、数日もたつとショックと悲しみでうずくまったまま炊き出しの前から動けなくなってしまった。ほかにどこにも行き場がなく、一週間も十日も風呂に入れない人たちばかりだった。

玄は会社のバスを出してピストン輸送し、被災者を乗せ、神戸市西区の会社の寮にある大浴場に送り届け、無償でそこを利用させた。

だが、それから二カ月後の三月二十日にオウム真理教による地下鉄サリン事件が起こり、世間の耳目《じもく》がそちらに集まるにつれ、次第に彼らは世間から忘れ去られていく。

罹災にも貧富が関係したが、立ち直るのにもまた金が必要だった。

特に長田区では、主要産業であるケミカルシューズ関連の工場が壊滅的な被害を受けて、人々は瓦礫と化した家の前で呆然と立ちつくすしかなかった。

鎌田は言う。

「平山さんは、長田区のど真ん中に会社を興《おこ》して、僕をそこの社長に据えたんですよ。あのころ長田は瓦礫の山で、どの働き口も倒壊してしまい、失業者が街にあふれてたんです。そこで、解体や建設に人を出した。当時使ったのは長田の人たちでした。ほかの地域から人を選んできたのでは被災地には何の利益もないけれど、長田区で人を募ったので、地元に金が落ちた。雇った人たちには、ほんとうにすごく喜ばれましたよ。無一文で焼け出されて仕事を失っていた人たちがたくさんいたんですから、家なんて建て替える余裕があるわけがない。

しかも、あのころ、あそこにいた人たちは、実際には会社も何もかもなくなってしまって、ほかの仕事をしようにもできなかったんです。うずくまって、救援を待って、何かを援助してもらうより自分たちで働いて、自分たちで食べたほうがずっと彼らにとって希望を感じるでしょうし、よかったんじゃないかと思います。

彼らにとっても僕にとっても、神戸の町を自分たちで復興したという誇りもありました。それが、生きていく実感になったんじゃないでしょうか。あそこでできるかなり有効な援助だったと、僕は思っています」

玄にはしかし、人の不幸でメシを食っているという明らかな自覚があった。

彼の行為は、いつも見る角度によって何色にも見える。安易にひとつの人物像に落とし込まれることを拒んでいるのは、いつも玄本人でもある。

鎌田は続ける。

「そのころ、当時産業廃棄物を投棄する場所がなくて、どこも困っていました。そんなとき、先に三千万円払っておけば、産廃の投棄場を確保できるという話に乗ったんです。でも、そんなうまい話はなかった。ある暴力団組員にだまされてたんです。なのに平山さんも人がいいというか、だましてきた組員たちが組を破門になったときに、俺のところへおいで、と誘ってやったんですよ」

彼らのうちのひとりが、ガソリンタンクを持って暴力団幹部のところへと突っ込んでいくときに、彼に付き従った部下だった。平山さんのためなら命も捨てる、という覚悟だったということだ。

玄が彼らを自分のもとへと置いた行為は、侠気か、人使いの達人の本領を発揮しただけのことか。私には判断がつかなかった。

「平山さんが駆け込み寺を開いたと知ったのは、テレビだったかな、本人からだったかな。もう、覚えていないです。知ったときには、それほど意外でもなかったですね。あの人らしいいい居場所を見つけたな、よかったなあ、という感じでした。力を発揮できる場所を見つけたんじゃないでしょうか。

平山さんは、周りから怖いといわれて結構有名な人だったけど、僕にとっては、すごく優しくて、いいお兄さんっていう感じでした。怖いことはなかったですよ。ええ、ぜんぜんなかったです。ずっと駆け込み寺を続けてほしいと思っています。平山さん、結構さびしがりやなところがありましたから」

赤坂で豪遊していたころの玄を知っているというのは、サパークラブ「お福」の元ママでゲイのお福だ。店は閉めてしまってもうない。彼は、美空ひばりと同じキーで歌えるという音楽大学の声楽科を卒業した人物で、その歌声を聴きに訪れた美空ひばりとは個人的な付き合いもしていた。彼のアルバムを開くと、まだ芸能人たちがスターと言われていた時代の、きらびやかな面々が、彼と一緒に写真に収まっている。誰が聞いても知っている政財界の重鎮の話が、目の前にいる男性の口からいくらでも出てくるのは、なんとも不思議なものだった。

彼は、玄にほれ込み、彼をさまざまなＶＩＰたちと引き合わせた。そのころの玄の話を聞くと、

「芸者さんたちは、ストーカーとかいろんなことで困っていたりするのよね。玄さんは、それを解決してあげてたみたいよ。そんな話はいろんな子から聞いているわ。とにかく

ヤクザとの対決も辞さない。彼の不動心は誰にも負けないわね」

真っ先にそんな話が出てくる。

「いろんな子からもててたけど、玄さんは面倒くさそうにしてたわ。いいじゃないの、つきあっちゃえば、なんて焚きつけたけど、ダメだったわね。神戸でさんざん遊んだからもういいって感じだったわ」

彼とのエピソードで印象に残っていることは？

「こんなこと、聞いたことないかしら？　私と玄さんともうひとり、三人で、老人ホームを作ろうっていう話があったのよ」

私が首を振ると、彼は続ける。

「老人ホームには温泉を引いてね、楽しく過ごせる場所にしようっていう具体案まで出てたの」

そういえば以前、彼は雑談の中でこんなことを述べていた。

「もし、俺が老人ホームを作るなら、幼稚園を隣に作ったらいいと思うんや。お年寄りは子どもたちの面倒を見ることで生きがいが生まれる。子どもたちもお年寄りにかわいがられて、いい子に育つ。な、いいやろ？　俺が老人ホーム作るなら、そうするんやけどな」

あのときはただの雑談だと思っていたが、実は具体的な話があったのだ。

お福は、ため息をつく。

「でもね、もうひとりの共同出資者が、お金のこといろいろ言い出しちゃって。彼女は悪い人じゃないのよ、いい人なんだけど、お金のことになると見えなくなっちゃうのね。玄さん、それを見たら嫌になっちゃったみたいで、結局老人ホームの話は流れちゃったのよ」

それからしばらくして、お福は、駆け込み寺を開いたことを本人の口から聞いて、驚くことになる。

「びっくりしましたよ。すごい実業家になるだろうって思ってたから、もったいないってね。でも、全部事業を清算して駆け込み寺を作るなんて、今にしてみれば、いかにも玄さんらしいなって思いました。だって、彼、ずっと人助けしてたんだもの。ああ、そういうことがやりたかったんだなって、納得するところがあったわねえ」

オハラ調査事務所の探偵、小原誠《おばらまこと》は、かつて玄秀盛とタッグを組んで仕事をしていたうちのひとりだ。玄と一緒に、医者、代議士、弁護士などの相談を解決したというが、守秘義務があるからと口が堅い。差し支えない範囲でということで、話を聞かせてもらった。

「ある地方都市に住む夫妻が、成人した息子の家庭内暴力から逃げて、玄さんのところに助けを求めに来ました。そこで、玄さんに依頼されて彼らのことを私がエスコートしたんです。息子の動向を調査して、引越しの手配をし、その息子の留守中に引越しをしました。その後ボディガードもして、彼らを新居まで送り届けました。玄さんは完璧を求めている。私がそれに応えているかはわかりませんが、もう十年以上の付き合いであることを考えれば、ある程度は期待に応えられているんじゃないかと思っていますよ」

玄自身は通常、このような仕事はしない。駆け込み寺からは基本的に出て行かないスタイルになったのは、ある理由がある。

玄は、ある資産家夫婦の家から、「成人した娘が家で暴れている、助けてくれ」という連絡を受けた。そこで玄がその家に向かうと、娘は窓から身を投げて死のうとするところだった。玄はそれを取り押さえるが、大人ひとりが力の限り暴れているのを、ずっと押さえつけておくことは不可能に近い。そこで、彼女が冷静になるまで、椅子にしばりつけたというのである。

玄はその後、その娘に監禁罪で告訴され、資産家夫婦は世間体をおそれて玄に頼んだことについて口をつぐんだ。警察の取調べは、例によって「三国人」「朝鮮人」「悪いことをしているんだろう」だった。

玄は、同じ石にはつまずかない。それ以来、玄が自ら出向いて動くことは基本的にしなくなった。そこで玄が頼りにしたのは、小原のような人物だったのである。

玄秀盛が駆け込み寺を開くと聞いたときはどう思ったのだろうか。

「ボランティアで人助けなんて、大丈夫だろうか、と正直言って心配しました。でも、もう長いでしょ？　普通の人間にはできないでしょうね。彼ほど経験のある人間はいない。経験した人間でなければ、アドバイスできないことがたくさんありますからね。彼のような人は、あとにも先にもなかなか現れないと思いますよ」

西成への取材旅行から帰り、久しぶりに駆け込み寺に顔を出すと、玄がいた。

私は玄に、彼の周辺の取材について詳しいことを話していなかった。「過去をこれ以上いじらんといて」と釘をさすように言われていたからだ。

だが、私がどこへ話を聞きに行っていたかは、よく知っていたようだ。お見通しであるらしい。

「何かわかったか？」

彼が聞くので、私はこう答えた。

「はい。みなさんのお話では、おおむね好評で……というより、悪口は聞きませんでした。玄さんは、いい人だって」

「どう思った？」

「ええ。駆け込み寺以前にも、玄さんは人助けの人で……」

玄は、少し笑うと腕を組んで私の言葉を遮った。

「あんた、いくら取材しても無駄やで。俺の全体像のうち、誰にもすべてを見せることはない。誰も俺の全体像なんて知らんのや。ここに通って一年半以上になるか？　あんたはどのボランティアがどうかかわっているか、いまだに知らんやろ？　俺以外ここを把握してる人間なんておらへんで。三六〇度で全体像が見えるとすれば、俺が人に対して見せているのはせいぜい一〇度がいいところや。いくら何人に聞いて、それを継ぎ合わせたところで、俺の実像にはならん。失礼ながら、俺の全体像を書きたいとしたら、あと十年やっても無駄やろうな。あんたは、俺が言ったことやここで見たことを素直に書き写したらええねん」

「……」

「ところで、あんた、そういえば前に言ってたやろ？　昆虫学者に俺が似てるって」

「はい」

「人夫出しをしていたころの俺の知り合いにな、現場監督の佐藤っていう奴がおった。そいつは本物の昆虫学者やったで。そいつ、昆虫を知るときは、どうすると思う？　奴が言うにはな、喰うんやて。カマキリだろうが、カブトムシだろうが、バッタやろうが、アブラムシやろうが、ほんとうにわかるためには、ムシャムシャ頭から喰らうって言ってたなあ。咀嚼《そしやく》して、味わって、飲み込む。俺は、それを聞いてなるほどとすごく感心したよ。

俺も同じや。人間を喰らう。男も女も喰らうんや。喰ってみんとわからんからな。そして、よく咀嚼して飲み込んでしまうんや。そうすると人間がみなわかる。

俺はな、相手がどんなものを一番欲しているのかわかる。相手には、一番欲しいものを与えてやる。そうやって手なずけてきた。みんなほめてたって？　そうやろうなあ。俺といて、みんな気持ちがいいはずや。でもなあ、俺の本質は人喰いやで。

玄、という漢字の意味を知っているか？　さまざまな色を重ね合わせると、限りなく黒に近い色になる。それを玄というんや。たとえ重ねあわせたひと色だけ取り出して、それが俺だ、と言われてもちがうねん。震災で俺が変わったかて？　そうやない。得度がきっかけかって？　ちがうねん。どの色を分析したところで、俺は見えへんと思うで。玄の人と書いて玄人《くろうと》やろ。俺は玄人や。あんたには、見えへんねん。あんただけではない。きっと、やくざの組長だろうが、俺の息子だろうが、一番古いスタッフだろうが、誰ひとりにも俺は見えへんと思うで」

煮ても焼いても食えぬ男、と、誰もが知るやくざの組頭に言わしめた人物が、私の前で、私の目を見据えて笑っていた。

私の前には、弁護士の山本が座っている。新宿御苑前のカフェで、私は彼の話を聞いた。

彼は慶應義塾大学在学中に玄のところへボランティアスタッフとして通っていた。

「あそこには、本当にさまざまな人たちが来ますからね。相談者には優しく、加害者には強く出なければなりませんから、所長がさまざまな面を持っているのは、そういう意味で当たり前だと思います。僕には、すごくやさしくて、こわいところはありませんでしたけどね」

彼は、大学生のころから弁護士志望だったが、世の中の仕組みの中で法律がどう運用されているかは、よくわからなかった。そこで、玄のところへ来て、時には泊り込みのボランティアスタッフとして電話番をしたという。

「とにかく毎日、さまざまな相談が来ました。多重債務に、ストーカー、DV被害、自殺願望……。最初は、ずいぶん戸惑いました。どうやって対応していけばいいんだろうって。でも、そのおかげでずいぶん勉強になりました。法律が実社会でどうやって運用されているかもわかりましたしね」

玄の最初の印象を聞くと苦笑して、

「初対面のとき、僕が弁護士志望なのを知らずに、弁護士っていうのは金儲けばっかり考えて、役に立たない、なんてやるわけですよ。事情を知っているほかのスタッフがそれを見て青くなっていましたよ」

それを聞いてどう思ったのだろう。山本は苦笑する。

「たしかに法律には限界があるかもしれない。でも、法律でできることもあるはずだ、それを証明してやろう、とかえってやる気になりましたね」

彼の気概が、濃紺のスーツの袖から見えるすがすがしいほどの白いシャツに見えるような気がした。

彼もまた、玄と同じように家族関係について悩みをかかえた青年だった。彼が十八歳のとき父親がよそに女性を作り、十九歳になるころには家を出て行った。離婚問題ではもめたそうである。そのときに悲嘆にくれる母親を目の当たりにした。

「当時母はうつになってしまって僕の家はほんとうにいろいろと大変だったんです。そんな状態になるまで、僕は普通の家で育っているんだと疑っていなかった。でも、考えてみれば、父親とまともに話したこともないし、父親にかわいがってもらった記憶もない。愕然としました。何も知らなかったんだなって。

そこで僕は、家庭問題に悩んでいる人たちの役に立てればと弁護士を目指しました。それから、これは僕にとってのチャレンジですが、僕は父親がどういうものなのか、よく知らない。だからこそ、普通の家庭を持って、普通の父親になりたい、そう思っていました」

駆け込み寺のボランティアをやっていると、時々、その人の持っている自分自身の人生の宿題があらわになることがある。彼だけではない。ライターとして働いている私も、自分の問題と相談者の問題が、時折リンクしてしまうことがある。だからボランティアスタッフはときどき「玄とこのタイミングで出会えたのは必然だった」という感想を持つのだ。

玄に言われたことで何か心に残っていることはあるか、と山本に聞くと彼はしばらく考えて、思い当たったことに自分で少し驚いたようにこう話した。

「所長はこんなことを言っていましたよ。どんなことでも自分の目で見て、自分の肌で感じ、実際に経験せよってね。それで僕はそういうのなら本物の弁護士に会わせてくださいってお願いしたんですよ。所長は僕を弁護士に引き合わせてくれました」

「会ってみて、どうでしたか？」

「ええ。ええ、たしかに人生変わりましたね」

彼は微笑む。

「なにしろ、それがきっかけで僕は今の弁護士事務所に就職したんですから。この事務所の弁護士が所長の会わせてくれた人なんですよ」

そういうと、自ら感心したように笑った。

「ところで、僕は元ボランティアという立場で話を聞かれているんですかね。僕はあそこのボランティアをやめたっていう意識はまったくないんですよ。忙しいのでなかなか顔を出せませんけどね。弁護士事務所で電話を取っていると、まだ駆け込み寺で電話を取っているような気分になります。今でも僕はあそこのボランティアなんですよ」

もうひとり、元ボランティアで、今は駆け込み寺を離れている男性を訪ねてみることにした。つくば市で心理相談室を開いている浅井《あさい》である。

彼はコーデュロイのパンツにジャケットというでたちで、私を迎えてくれた。

彼は、連絡が取れる中でも最古参のボランティアだ。駆け込み寺開設から半年後に参加していたので、七年近く一緒に活動していたことになる。

浅井は以前、精神障害者の施設で住み込みで仕事をしており、昼夜問わず入所者のケアに当たっていたのだが、PHS一本ではじめた悩み相談が好評を得て独立。事務所の設立に至っている。そのころ偶然知った駆け込み寺に興味を持ち、自分の事務所で相談に乗るかたわら、週に一度玄のところで泊まりこみで電話を受けるボランティアをした。

彼の幼いころの夢は「おまわりさん」になることだった。結局、長じて警察官になることはできなかったが、街の困りごと相談に乗るという仕事を通じて長年あたためてきた夢を実現させたといえる。経験の多さと、その誠実で研究熱心な性格から、長年玄の片腕として彼を支えてきた。

だが、その彼が言う。

「僕も所長がどういう風に人を助けているのか、実はよくわからないんです。見えるところはほんの一部で、あとはどうフォローしているのか……。だから佐々さんが、所長の全体像を見極めきれないと思うお気持ちはよくわかります」

意外なせりふだった。資金難から二十四時間体制ではなくなり、夜の電話番の仕事をしていた浅井が定期的にボランティアに来る機会はほとんどなくなった。だが、今までの駆け込み寺がなんとか回ってきたのはこの男の力によるところが大きい。その彼も、玄のことについては、よくわからないという。

「ただ、相談者ひとりひとりの相談に答えるために、かなり専門的な勉強までしているというのは知っています。駆け込み寺には、さまざまな問題に対処するための法律の本をはじめとした専門書が並んでいましたしね。僕が受けた電話で、よくわからない問題にぶつかると、隣で所長が調べている気配がして『あの問題の解決法は、やっぱりあれでよかったみたいやで』と、僕に教えてくれたりしました。ものすごく研究熱心だったのは間違いありません」

駆け込み寺を開設する以前と以後でそれほど鮮やかに改心できるものだろうか、と質問をぶつけてみると、

「人が一晩で別の人格になるとは思えません。たぶん、所長はずっと今の所長だったんだと思います」

「人助けをするような人だった？」

浅井は大きくうなずいた。

「ひとつ思うのは、玄秀盛っていう人は、人を支えるために限りなく強くなければならなかったと思うんです。たぶん無意識にそうしているのでしょうけど、弱いところは決して見せないでしょ？　でも、ほんとうのところ所長はすごく人の気持ちに対して敏感

で、繊細な心遣いをする人なんですよ。誰かと一緒にいるときも、始終その場にいるすべての人たちのことを気にかけている。何人かと一緒にいると、誰かが元気がなさそうだとか、黙っているとか、そういうのに目ざとくて、話しかけて笑わせたり席を替えさせて、話しやすくしたりするような人なんですよね。

たとえば、自殺をしたいと相談に来た人に向かって、保険金かけて死んでくれ、という風に言ったりするようですが、玄秀盛という人が、ただ啖呵《たんか》を切っていると考えるのは大きな間違いで、言うタイミングやそれに対するフォローを、緻密に計算に入れた上でやっているはずです。あのせりふしか周囲には見えないから世間は驚くようですが、そのせりふを絶妙なタイミングで言えるだけの心遣いと、人の気持ちを見通す力を持っている人ですし、ほかの人が同じせりふを言っても、ぜったいにうまくいかないと思います」

「私たちの見えないところでフォローしていると？」

「ええ、そうだと思いますよ。所長に相談すると、玄秀盛が必ず後ろで支えていてくれている、という安心感があると思うんです」

浅井は続ける。

「所長は、自分が強くなければならないことを、誰よりわかっているんじゃないでしょうか。彼はやくざよりも強いカリスマでなければならなかったんです。特に過去を聞かれたら、強くならざるを得ない。でも、彼だって人間です。弱いところもあるんじゃないかと思います。彼が助けを求めているときは、僕も力になりたいと思っているんですよ。もっとも僕に声がかかるかはわかりませんけどね」

歌舞伎町というのはおもしろい街で、一本道を中に入っただけで印象ががらっと変わる。

歌舞伎町交番前の通りを裏に一本入ると細い路地が入り組んでいる。このあたりはおもにラブホテルと風俗店が並んでいる。見ようによっては淫靡な雰囲気が漂っているといってもいい。

だが人間というのは慣れてしまうもので、昼間であれば、むしろ歩いていてのどかな気持ちになる。

休憩や泊まりという青白いランプの灯った、城のような建物をいくつか通り過ぎるが、昼下がりのせいか人通りは少ない。途中で未成年とおぼしき女性と五十代ぐらいの小太りの男のカップルに行き合ったぐらいだ。その光景もとくに珍しくはない。

人よりも野良猫の方が多い。猫が数匹、私の前をゆうゆうと横切っていった。

コリアン・ストリートとも呼ばれる新大久保に近い場所に、玄の知り合いの小さな事務所はあった。一間の小さな店には、赤い椅子がふたつとカウンターがあり、物件情報の紙がいくつかショーウィンドウに貼ってある。

「いらっしゃい」

長い髪を束ねた、人懐っこそうな笑顔で快く迎えてくれた。チャーミングな人である。

玄のことを知りたいというと、

「私が玄さんのことをどこまで知ってるか、わかんないけど」

と笑った。

彼女の名前は長井《ながい》。不動産仲介業者だ。

彼女が前に勤めていた不動産仲介会社の社長は、玄の友人と知り合いだった。それが縁で長井は物件を探すのを任されたという。歌舞伎町駆け込み寺の誕生に立ち会った数少ない人物のうちのひとりである。

彼女のところに事務所を紹介してほしいという話が来て、最初に玄の駆け込み寺構想を聞いたときは、

「ボランティアで人助け？　うーん、なんだか意味がよくわかんないなって思いました。たぶん、近所の人は当時そうだったんじゃないかな」

彼女は続ける。

「NPOって、今でこそよく聞く言葉だけど、そのころは、そんな横文字言われても、なんだかもやもやしててよくわからないわけですよ。人助けがしたいっていう事情も理解はしたけど、じゃあ、具体的なイメージができるかっていうと、できないんです」

彼女の言葉に、当時のとまどいが伝わってくる。無理もない。たぶん、一般的な受け止め方はそのようなものだったろうし、私がテレビで見かけたときの第一印象も、正直言って似たようなものだった。

おまけに最初に玄に会った時の印象は、「どうみてもやくざ」だったと述べて愉快そうに笑った。

なにしろ、そのときの彼のいでたちは、色つきのメガネをかけ、くるぶしまである丈《たけ》の長い濃紺のコートをはおり、そのボタンをすべて開けていた。かたぎの人間にしては派手すぎる。コートをなびかせて店に入ってきた姿は、普通の人とはかけ離れていた。関西弁も今ほどやわらかではなく、きつい感じだったし、ふつうの勤め人ならば持っているであろうカバンも持たずに手ぶらだったのが、印象に残ったという。

「たぶん、表向きはNPOを騙っておいて、実態としては暴力団の組事務所を探しているんだろう」と第一印象では彼女はそう思った。それは、彼女だけではなかった。彼女の会社に連れてきたという玄の友人ですら、玄の計画は、裏に金儲けがあると信じていたのだ。警察のOBだったというその男は、金儲けのためのNPOではないと知るや、玄のもとを去っていった。

長井がせっかく事務所を見つけて玄と引き合わせても、マンションの管理会社は、玄をひとめ見るなり、即座に断りの電話を入れてきたという。案の定、彼は理解されえぬ人だったのだ。

だが、何度か玄に会って話しているうちに、長井には、彼のやりたいことが理解できたという。悪い人じゃないんだ、という気持ちにもなったらしい。

長井は思った。

「この人のやりたいことって、私と似ているんじゃないのかな」

長井は三十代だ。大学在学中から歌舞伎町という街の魅力に取り付かれた。酒屋でバイトをしていると、さまざまな人がやって来たという。住宅街ではけっして会うことのできないような人に出会ったり、一生遭遇できないようなできごとが目の前で起こったが、彼女は、それを心から楽しんだ。深夜の酒屋には、酔って全裸で入ってくる人もいれば、ハイヒールを履いたオカマたちも来る。上下関係が厳しいのか、横に並ばず、縦に整列して入ってくるやくざたちもいた。長井はこの街のいかがわしさや、単色に染まらない種々雑多な人々を愛した。この街のにおいが好きだ、と彼女は言った。

就職氷河期に大学を卒業してしまった長井は、専門学校に通いながら、それでも歌舞伎町でアルバイトをすることをやめなかった。やがて宅建の資格を取って、そのままこの街に就職してしまう。

彼女の扱っている物件は、歌舞伎町というきらびやかな街から、人々が帰ってきて眠る場所にある。ここは波うち際なのだ、と彼女は表現した。舞台裏であり、歌舞伎町の住人たちの素の表情がそこにあった。

「部屋を探しに来るのは、半分が外国人であとは水商売関係です。ホステスさんやホストですよね。一般的に言って、とても家を見つけにくい人たちが、ここの主なお客さんなんです。彼らは他では部屋が見つからないといって、一縷《いちる》の望みにすがってここにやって来るんです。でも、保証人もいないし、家賃を払える定職にもついていない。そんなとき、どうにかならないか、何とかならないか、って、八方手を尽くして何とか探してあげるでしょ？　それでやっと部屋が見つかったときのありがとうは、ほかの住宅地で言われるありがとうより、ずっと重くて嬉しくて。どこでありがとうって言われたって嬉しいんでしょうけど、ここでうまくいったときのほうが何倍も嬉しいんですよね」

それはこの場所で物件を探すことがどんなに難しいかが前提となっている。力になれないことがあると、落ち込むこともあるという。だからこそ成功が嬉しい。

「この間は、中国の人が来ていて、普通ではとても見つからないという条件だったんです。とにかくお金は持っていないし、保証人もいないし、滞在許可もあやしい。それをどうにかして部屋を見つけてあげたときは、アリガトウ、アリガトウって、片言ですごく喜んでくれた。困難であるほどおもしろいんです。結局夜逃げして出て行ってしまう人も多いけどね」

玄がやっていることも同じだろうか。難しい相談を何とか解決してあげるときの相手の喜びが嬉しいのだろうか。

「そう思いますね。どこにも助けを求められないような人たちが、思いつめて玄さんのところに来るんですよね。それで救ってあげられたら、嬉しいと思います。その喜びがじゅうぶんな見返りで、ほかは何もいらないって思う気持ちはわかる。

この街は、後から後から新しい人たちがやってきては、去っていく街です。その一期一会の出会いも、たぶん、性に合ってるんじゃないかな。この街は出入りが早い。私の仲介した部屋も一年半もいれば、いいほうじゃないでしょうか。あまりに夜逃げが多いので、私はこう言ってるんです。夜逃げするときは、家賃は要りませんからこっそり連絡ください。後処理しなくちゃならないからって」

彼女も、肝《きも》の据わった人なのだ。その寛容さをはぐくんだのは、さまざまな人間の坩《る》堝《つぼ》である歌舞伎町なのかもしれない。彼女は、この街に来る人々をおもしろがりながら、何とか彼らの願いを叶えようとしていた。そこには不動産仲介業というビジネス以上のやりがいがあるらしい。なにせ好き好んで、わざわざ歌舞伎町にいる人物だ。その彼女と玄は、感覚的にあい通じるところがあったのだろう。

「まあ、だから、私もなんとか玄さんに物件を紹介してあげられないかって、ずいぶんいろんなところと交渉してみたの。それで、歌舞伎町交番前の旧事務所を見つけたのよね。壁も床もはがれたままのいわゆるスケルトンだったけど、玄さんは、知り合いの業者を入れるからそれでもいいって」

ただ課題も残っていた。

「NPOをやりたいっていう気持ちは、何度か玄さんに会って話を聞いているうちに、よく伝わってきたんです。でも、彼はそのとき、事業を全部引き払って事務所を探しにきてたの。ボランティアをやります、って言ったところで、どうやって家賃を払うの、ってことよね」

では管理会社は、そのときなぜ契約したのだろうか。

長井は、人なつこい瞳をくりくりと動かして、おもしろそうに笑う。

「作戦勝ちじゃないかしら。玄さん、契約当日にいきなりテレビクルーを連れてきたの。そんなこと誰も知らされてなくて、みんなポカンとしてた。『ちょっと取材が入ってな。かまへんやろ、いさせてやってや』って感じで。カメラが回っている場で、契約できませんなんて、なかなか言いにくいですよね。たぶん、そのおかげで、あれよあれよという間に契約が成立してしまったんですよね」

いかにも彼らしいやり方だった。

家賃については、彼女は後日談を知っている。

「やっぱり、家賃については苦労しているみたいでした。玄さん、どこかの居酒屋でアルバイトしてるって言ってた」

玄が金儲けを封印して居酒屋でアルバイトをしていたのを知ったら、羽振りのいいころを知っている人たちは驚いたことだろう。そして資金難は、その後もずっと続いていた。

ところで、やくざと見まがう玄のような人間が、人助けをすると聞いて違和感はなかったか、と私が聞くと、長井はこう答えた。

「もし宣教師のような人がここにやって来て、君たち正しいことをしなさい、なんて顔をして誰かを助けようとしたら、いろんなところから怖い人がやって来て、あっという間に、グシャッとつぶされてしまうと思います」

彼女は手のひらをカウンターにおしつけて、何かをつぶすジェスチャーをした。私はその手元に目をやる。

「歌舞伎町では悪には悪で向かっていかないとだめかもしれません。この間も裏社会を取材していたライターの方が亡くなりましたもんね」

ときどきこういう話は聞く。何者かに殺されたのだ。歌舞伎町も普段生活しているぶんには安全な街だ。自ら危険な場所に首を突っ込んでいかない限り、危ない目に遭うことはない。だが、だからといってこの街に裏の社会がないとは言えない。むしろめくってみれば裏地のようにべったりと存在している。

玄にとっては、自らの悪を曝《さら》け出したほうが、むしろ自分を守るためには都合がよかったはずだと長井は言う。私は、悪人と善人がひとりの人間の中に共存しうるものだろうかと問いを立てたが、長井によると、人を守るために悪でなければならなかった、という答えになる。

「玄さんってものすごく頭のいい人だから、昔、自分は人夫も買いました、やくざと抗争してました、病気になって人助けをしたいと思いましたって最初から自分の過去の悪いところを見せてしまったでしょ？　だから、やくざにしたって弱みを握りようがないですよね。この街で人を救うためには、悪でないといけなかったと思います」

あえて自分の過去の悪事を前面に押し出したのは、彼の計算が働いているのかもしれない、と長井は見るわけだ。

私は混乱していた。もし玄の言うことが本当だったら、彼は生涯、ずっと人をたらし続けていたことになる。だが、長井や浅井、そのほかの人々の話を総合すると、物書きである私に対して、彼は黙って汚名を着て、汚れた片手のみを差し出すと「書け。これが俺や」と言っていたことになる。たとえ彼が何がしかの擬態《ぎたい》をしていたとしても、周りの人間がそろって騙されていたとは考えにくい。彼はずっと以前から、駆け込み寺の玄だったのではないか。それなのに、なぜ彼が今まで口にしていなかった罪をさらけ出してまで、俺の過去は悪であったと言おうとするのか。

〈恐怖や。恐怖で人を操る〉

ふいに彼の言葉が甦ってくる。だが、すでに彼は自らを恐怖で守る必要などない。とするならば、恐怖で守っているのは、相談者なのか？

だが、なぜそこまでして人を守ろうとするのか。

相談者はみな、やって来たらすぐに去っていく、通り過ぎる人ばかりなのに。

「長井さんは、玄さんが怖くないですか？」

「怖くないですよ。すごく優しい人です。飲み会に参加させてもらったりするでしょ？そこで知り合いがひとりもいないと、こっち、こっち、ってそばに呼んでくれたりするんです。ほんとうに気を使ってくれる。それに、ずっと前に、彼とのことで悩んでいたのをまだ覚えていてくれて、『彼氏どうした？』って聞いてくれて。毎日、たくさんの相談者の悩みごとを聞いているはずなのに、覚えていてくれたんだって思いました。怖くないですよ。いい人です。海みたいに大きい人ですよ」

14

二〇〇〇年、駆け込み寺設立前の玄秀盛、四十四歳。玄の手元に一通の封書が届いた。差出人は亀有にある東京都東赤十字血液センター。年に一度、行っている献血の検査結果である。封を切ってなにげなく目を通すと、次の一行が目に飛び込んできた。

「HTLV－1抗体検査の結果陽性と認められました」

HTLVというアルファベットをぱっと見て、彼はHIV（人免疫不全ウイルス）つまりエイズに感染したと思い込んだ。

「俺はエイズ」

一九八一年にアメリカの数人の医師がはじめてその存在を明らかにしたエイズは、数年で爆発的に世界中に広がり、日本にもパニックを起こしていた。今でこそ発症を抑える薬も開発されたが、そのころは死に至る病、というイメージがあった。

自分はこれで死ぬかもしれないと思った瞬間、痛みにも似た激しい憤りが彼の身のうちを駆け巡った。

〈なんで、俺なのか〉

品行方正に生きてきたわけではない。自業自得といえばそれまでだった。だが運命のいたずらで、誰にも歓迎されずに生まれ、どん底からどんな手を使っても這い上がってここまで来た。世の中のほとんどの人が苦労もなく享受できるさまざまなことを、玄はたったひとりで勝ち取らねばならなかった。汚いことに手を染めるのも平気だった。それもこれもみんな生き延びるためだったのだ。運命がそれを望むなら、玄は泥水をすってでも生きてやろうと思っていた。

〈それなのに、その報いがこれか。苦労してきてやっとつかのま富を手に入れたと思ったら、こんな若さで死ぬのかよ〉

だがすぐに彼はこう思ったのだそうだ。

〈俺ひとりで地獄に落ちるのは間尺《ましやく》にあわん。そうや、あいつらを道連れにしたろ〉

そう思った瞬間にすーっと頭が涼しくなった。玄にとって憎悪は熱くはない。むしろ冷たかった。彼は殺人までのシミュレーションをし始める。いつもそうだった。ことを起こすときはカッとなったりはしない。とても冷静に、どうせ死ぬなら死ぬまでにやり残した仕事をしていこうか、という感じだった。

目指す相手は、関東に三人、関西に二人。もし、ひとりを殺しただけで捕まってしまうのでは何にもならない。やるならとことんやる。

少なくとも二日から三日の間に、連続して全員を完全にやり遂げなければ捕まってしまう。完全犯罪が必要だった。首の頸動脈などを傷つけてしまうと返り血が大量に飛ぶので現実的ではない。

トイレに潜んで顔を見られないように背後に回り、わき腹の下部に包丁をつき立てる。それでも、血はつくだろうから使い捨てのビニール合羽を用意しなければならないと思った。

地図を見て移動手段を考えて、最短距離で犯罪を遂行するための経路をシミュレーションする。最初は関東、それから関西。

ところが、その計画を実行に移す段になって、どうしても見つからなかったのだ。最後のひとりが。

運命はおもしろいことをする。計画を実行に移すためにそれだけが問題だった。それとなく行き先のわかりそうな人間に尋ねてまわるが、依然不明だ。

この男が見つからないと完全犯罪は成立しない。

「どの相手もまさか俺がこんな計画を立てているなんて夢にも思ってなかったと思うで。なぜなら俺は自分の好悪を顔に出さない。殺したいと思うほど憎んでいる相手にも平気で会って、いやな顔ひとつ見せずに笑ってみせるなんて朝飯前や。誰一人、あのころの俺に狙われとったなんて今でも夢にも思ってないと思うわ」

玄は、手をつくして調べたが、まだその男にたどりつけない。歴史に「もし」はないが、もしもこのとき、玄がその男の行く先をすぐにつかんでいたとしたら今ごろ、その五人はこの世にいなかっただろう。

ところが、三日後に再び目をやった血液検査の結果に、玄ははじめて自分がHTLV－1をHIVと取り違えていることに気づいたのである。

〈なんや、これ〉

インターネットで検索すると、次のことが出ていた。

HTLV－1とは、別名レトロウイルスと言われ、血液の癌ともいわれる急性白血病を発症する可能性のあるウイルスのひとつである。唾液、血液、精液からの二次感染はほとんど認められず、感染ルートとしてもっとも多いのが、授乳による母子感染。約四十年の潜伏期間を経て、ウイルスが出現するということだった。

ＨＴＬＶ－１感染者のうち、発症する割合は千人にひとり。九百九十九人は助かる。自分もきっと生き残るに違いない。

だがこの病気については、刻々と研究の成果が報告されているＨＩＶと異なり、発症のメカニズムも、治療法も、予防法も何ひとつわかっていなかった。いつそのウィルスが目覚めてくるとも限らない。いわば時限爆弾を体の中にかかえているようなものだった。

ＨＩＶなら薬の開発も進むかもしれない。だが、ＨＴＬＶ－１の治療法が短期で見つかるとはどうしても思えなかった。

このウィルスを体の中に飼っているというのは、なんとも不気味なものだった。何をしてもぬぐいきれない不吉なものがぐるぐるとからだの中を巡っている。俺が死ぬのは、明日か、一週間後か。

とにかく医師に会って直接自分の病気のことを聞くべきだと思った。病院に連絡をすると、三日後に来てくれとのことだった。

血液検査の結果を受け取ってから病院に行くまでの数日間、彼はさまざまなことを考え、激しい混乱状態にあった。

その考える猶予が、彼の心の中に嵐を起こす。さまざまな想いが去来した。今はまだ死なない、だが、発症したら確実に死ぬ。つくづく無念だと思った。自分の今までの人生は、いったいなんだったのだろうか。怒りの矛先は感染源として最も疑わしい母親へと向かった。

〈どこまで自分を苦しめればすむんや〉

自分を二度、三度と捨てたのみならず、玄の体の中に、決して消えない死の影まで残していた。だが、母親を糾弾するために差したはずの指先は、そのまま自分へと向かった。

「俺には家族もいたし子どももなした。でも、なんや。死に際して、家族と一緒に過ごしたいでもない、子どもの顔を一目見たいでもなかった。鬼といわれ、畜生といわれ、生きてきた。この期に及んで、最後に残っていたのは、金儲けのための会社と、人を殺したいという憎悪の気持ちか。なんや、必死になって生きてきてちっぽけなもんやな」

彼は通知が来てから三日間ののちに、頭の中を占領していたものが、ただの人殺しであったことに気づく。そして、愕然とした。

「たぶん、その落差やろな。必死になって財を成し、それなりに自分の命を燃やしていたつもりの俺が、結局のところ死ぬ前の大事な時間に思うことといえば、人を殺そうということだった。その事実にはっとわれに返ったときのその感覚な。それがあまりに大きかった。なんやこんなんか、俺の人生こんなんか、と思ったわ。

俺が生まれてきた意味は、なんやったんやろ。そう思ったよ。結局その落差が、俺をここに連れてきたんやろな」

小さいころには飢え、家畜のように扱われ、大人になってからは守銭奴のように金に執着し、人に鬼と言われて、最後は人殺しか。

結局自分は、いったい何のために生まれてきて死んでいくのか、彼にはよくわからなかった。

だが、ここまで悩みの中にいても、周囲には誰も気づくものはいなかった。

「弱みを見せるのは苦手やし、誰に言ったかて、病気が治るわけでもない。別に誰に話すわけでもなかったわ。周囲が病気のことを知ったのは、駆け込み寺を開いて、マスコミで報道されてからだと思うわ」

その後病院の診察を受けたが、彼を喜ばせるような新しい情報が入るわけではなかった。今は治療法はない。だが、深刻に考える必要はない。予想したとおりだった。

やくざに何度も殺されかけ、毒まで盛られた玄だった。だが、外側から来る恐怖にはまったく動じない玄を脅かしたのは、今度も内側にある得体のしれないものだった。

かつて玄は、金儲けの先を行く成功者たちのその後が見たかった。そして実際に、財界、実業界、政治家、芸能人、スポーツ選手、宗教界。すべてのトップの顔をとくと見てきた。

だが金儲けをすればしたで、次の欲望と次の恐れと次の渇望が待っているだけのことだった。

「もう、ええわ。そう思ったよ。金儲けてどうなんの、と飽き飽きしてたんやろうな。もしも、中途半端に小銭稼いでたらそうはいかんかった。女の経験が少なけりゃ、女にも執着したかもしらん。でも、極端に生きてきて、いまさら金もうけも女もどうでもよかった。じゃあ、いったい何ができる？　それをつきつめて考えたな。

あんたが今まで歩いて回ってきた、西成も、比叡山も、神戸も、赤坂も、玄という俺の色を作っている一色に過ぎない。

どの経験をつなげて今の自分の動機になったなんて究明するのはまったくの見当ちがいやで。

あんたたちは、いつでもわかりやすい説明を求める。

ああ、大阿闍梨に会ったから改心したんですね、ああ、赤坂で人助けをしたことがきっかけなんですね、とすぐにそう結論づけたがる。

ちがうねん。

そんな、ひとつのことで変わるようなこととちがう。

でも、みんなそれが不思議なんやな。

何か、理由をつけて安心したがる。自分が理解できないものは、みんな怖い。どこかで畏れる。自分の頭の中のサイズでしかわかろうとしない。結局そういうことや。

じゃあどうして駆け込み寺に行き着いたかて？　親のところをたらい回しにされたという境遇も、金儲けの経験も、やくざと渡り合ったという過去も、生きていくすべての技術も、すべてが重なりあって渾然一体となった混沌の中から、ウイルスのキャリアであることをきっかけにして、突然変異のようにぽんと生まれた、としかいいようがないわな。

説明せい、といっても、それが真実のところや」

玄は、小さく笑った。

白血病ウイルスのキャリアが見つかって、これからの生き方をじっと考えていたある日、書店で「NPO」「ボランティア」という言葉が並んでいたのを見て、彼は立ち止まった。ボランティア、という言葉が心に妙に引っかかった。

彼のカオスの中から、ひとつの答えを生み出したのである。

〈そうや。人助けしたろ。残りの命をそこに預けたろ〉

高校生のとき、西成の屋根に銀の腕時計を投げ上げて、一度は殺したはずの「いい子」の彼が、長い長い年月の旅のはてに、彼のところへと帰ってきた瞬間だった。いや。たぶん、さまざまな人々が証言するように、彼の中にずっとその頃の彼は存在していたのだろう。それが死に直面してあらわになった。

彼は思った。もしも今までの自分の人生を意味あるものにしようとするなら、この経験を生かして、体を張って人を守るのがいい。それをするのに一番効果のありそうな場所を考えた。芸者やホステスを救ってきた経験から考えると、彼が一番求められるのは夜の街だろう。ホステスもいる、娼婦もいる、ゲイも、外国人も、サラリーマンも、さまざまな立場の人たちが集い、さまざまな力が複雑に絡み合う人間の混沌、彼の内面によく似た形をした、東洋一の繁華街、不夜城歌舞伎町。

そうと決めたら事業はすべて邪魔だった。彼の金儲けの成功の秘訣は、ありあまるほどのエネルギーを集中させて、ことをなすことだったのである。金を儲けながら片手間でやっていたら、中途半端にしかできないだろうと思った。

いまさら金に何の執着もなかった。金ではもはや彼の心の渇望を埋めることはできなかった。酒も女もモノも、すでに何の意味もなさなかったのだ。金への執着を捨て、今までの人間関係を捨て、すべてを捨てて、自分が生きてきた証を残したい。そして本当に捨ててしまった。

「もしも、自分が日ごろ死にたいと思うようなマイナス思考の持ち主だったら、きっといくら病気を宣告されても、こういう選択はできんかったと思うわ。俺は、今まで必死になって自分を生かしてきた。生きて、生きて、生きぬいてやろうと、巨大なエネルギーを燃やして生きてきた。

今までそうやって生きてきたからこそ、『このヤロウ、殺してやる！』という燃え盛るエネルギーをぐっと自分側に向けられたんや。ただ単にエネルギーの向く方向が変わっただけのことや。善とか悪とかいう世間の価値観なんて何の意味もあらへん。駆け込み寺以前と駆け込み寺以降、やっていることは全部同じ。総身の知恵を結集して、ただ目の前にある命を生かしていく。命を生かすことに、いいも悪いもあるかい。ただそれを見返りなくやっていくだけのことや。どうせ、いつかは俺も死ぬ。いい死に場所を見つけたと思ったよ」

人はこれほど鮮やかに改心することができるか？　答えはイエスだ。ただし、その選択が本質的なものであれば。そこには自分が生きることを犠牲にして人を助けるという自己犠牲の精神はない。強欲のはてに彼が選んだのは、逆に与えることだった。与えることにより、自分が生きる。そう、見極めたのである。上りつめたものは、いつかそこから降りなければならない、と彼は考えていた。下から来るものは、必ず一番上にある者を追い落とそうとする。それは、荒っぽい世界で彼が得てきた教訓だった。彼は、たぶん降りたのである。果てしない強欲からただ降りたのだ。守るものがひとつもなければ、それを取りにくるものもいない。

誰かにその地位を奪われるのを待ち、王座から引きずり降ろされるのではなく、人を助けながら降りていく。それを自分が生きる新しいモデルとして、彼は選択したのである。ウィルスは日ごろ彼の考えていたことを実行するための、きっかけにすぎなかった。

二〇〇一年十月二日、内閣府にNPO法人「日本ソーシャル・マイノリティ協会」を申請し、経営していた会社は、すべて譲渡するか整理をした。翌二〇〇二年、内閣府の認定が下りる。続く五月二十日、新宿歌舞伎町に新宿救護センターを開く。三百六十五日無休、二十四時間体制で相談に応じる。

そして、二〇〇二年十一月深夜、玄は駆け込み寺のソファーで、重い雨の音を聞きながら仮眠を取っていた。すると雨音にまざって、雑居ビルの暗い階段を駆け上る音がする。

〈誰か来るな〉

そう思ったのと同時に、ひとりのフィリピン人女性が下着一枚で飛び込んできた。顔は青黒く腫れ、右手がだらりと垂れ下がっている。どうやら、折れているようだった。

「タスケテ、タスケテー！」

玄は、彼女を奥へと隠すと、センターの事務所の前で仁王立ちになり、じっと階下の暗闇に目を凝らし、階下から吹き上がってくる湿ったにおいをかぎながら、追っ手が来るのを待っていた。

15

二〇一一年十一月、大久保公園に面した大きなガラス窓から晩秋の光が差し込んでいる。駆け込み寺の窓から見える公園の木々は金に色づいていた。玄の過去を巡って戻ってきた私には、この清潔な静けさはまるで彼岸の世界のようにも思える。

人を救うとは何か。

人が救われるにはどうしたらいいのか。

縁あって玄の過去の話を聞き、玄の相談者に対するアドバイスを聞きながら、私はずっと考えてきた。そして玄の過去を追いながら、玄という男がこの世の地獄から救われるための無数の試みを垣間《かいま》見てきた。

玄は飢えをしのぐため稼ぎ、女を求め、力を磨き、金を得た。ありとあらゆる欲望を満たしても彼はますます絶望を深める。うまいものを食べればもっとうまいものを。百人の女を抱けば千人の女を。力を得ればもっと強大な権力を。金を得ればもっと多くの金を。もがけばもがくほど欲望は大きくなって彼を絡《から》め取り、それはどんなに強烈なものでさえ彼を治せないという現実を突き付けたのである。

つまり結局のところ、金も権力も女も、何十年も前に雨の降る喫茶店で外を見ていた少年、つまりおもちゃのゼロ戦を握りしめ、父と母が自分を押しつけ合っている会話にじっと耳をそばだてていた小さな男の子を救うことはできなかったのだ。ひとり公園で絵本を読み、空腹に耐えていたその子を、助けてやることはできなかったのだ。かつて彼の心は強烈な欲望で何ものをも引き寄せ、飲みこんでしまうブラックホールだった。

足りないものを外からいくら得ようとしても、渇きをいくら満たそうとしてもそれは外から来て、穴のあいた心から結局出ていってしまうだけのことだ。むしろもっと、もっと、と得ようとすればするほど、得ても、得ても、得られないものがあることを明らかにした。

その彼を立ち止まらせたのが白血病ウイルスという死の影だった。死こそが僥倖《ぎょうこう》だった。

自分を満たそうとする一切の試みを「もう、ええわ」とやめてしまったとき、彼はふいに自分の本質を見つけたのだ。今までもそばにいて、そしてこれからもそばに居続ける、玄秀盛という生の自分を。

金も権力も女も、外部から来るものが一切なくても、ひとりきりで立てることを見つけたのはほかならぬ玄本人だった。

苦しみを癒そうと必死になっても解決方法は見つからない。たぶん苦しみを癒すこと自体を放棄してしまう以外は。

「助かりたい」ともがけばもがくほどおぼれてしまう人が、もがくのをやめたときに浮かび上がるようにして、彼は一度死んでみたのではないか。

「俺は相談者をなぐさめたりせえへんで」

かつて玄はそう言った。

悲しみにしがみついている人をいくらなぐさめたところで、本人がその悲しみを捨てて、ひとりで立とうとしないかぎり、次に寄りかかる場所にされるだけだ。

とことん悲しみ、疲れ果てて、「もう、ええわ。悲しむのは十分」と思った人しか助からない。

たぶん、彼にはそれがわかっているのだ。

本当に助かる人は、苦しみという自分で作った水たまりでおぼれるのをやめて、そこを立ち去ろうとしている人だけだ。

窓の外に目をやると公園に座り込むいくつもの人の背中が見えた。彼らホームレスたちの丸い肩にも天恵のような明るい光が落ちている。ほんの数百メートル先の繁華街の喧騒が嘘のように静かだった。

駆け込み寺も私が取材に入って以来、何人かの古いスタッフが去り、新しいスタッフが入ってきた。もちろん駆け込み寺が始まって以来ずっとボランティアに来ている人もいる。

玄の弟子志願の男も来た。二〇一〇年のみぞれまじりの雨の中、素足にぞうりで米を担いでやってきたのである。仙台で托鉢《たくはつ》に立っていた僧侶で、

「宗教も何もかも捨ててこい」

という玄の言葉に従ってすべての生活を捨ててきた。

この人、齊藤公志は臀部《でんぶ》から背中にかけて、昇り竜の刺青《いれずみ》を這わせた男で、さまざまな理由があって托鉢僧になった。

歌舞伎町商店街振興組合のマサは、昼時になると駆け込み寺に来て一杯三百円のコー

ヒーを飲んで行く。ただそれだけだが、それが寄付になると言って雨の日も風の日も通って来る。ほとんど毎日だ。

みな理由あってここに集まり、やがて自らの場所に戻っていくだろう。

「玄さん、親から逃がしてほしい」

高校の制服を着た女の子が入ってくる。彼女は小学校のころから施設に預けられていたが、高校に入ったころ突然母親が迎えにきた。

長い間夢見てきた母との再会だった。

だが、母は自分の思うような母親ではなかったのだ。彼女を学校も行かせず、働かせ、すべての給料をかすめ取る。

〈せっかくお母さんと会えたんだし、私ひとりが我慢すればいい〉

〈いや、この人は私の幸せを考えてはいない〉

〈でも、お母さんにも事情があるはずだ。私が支えてあげなくちゃ〉

彼女の頭の中ではぐるぐると愛と憎がうずまく。

だが、彼女を風俗店に売る話をヒモの男としている母を見た彼女は、制服のまま飛び出してきた。

彼女は言う。

「お金も着替えもない」

玄は、腕を組み、少女を見据える。

「助けてやってもいい。けど、あんた、親を捨てる覚悟はあるのか?」

「うん」

「実の親やで」

「もう、親じゃない」

「よっしゃ、知恵つけたる」

今、私は彼が人を救う姿を見るにつけ思う。

玄秀盛は、他人を救っているのではないのかもしれない。他人はいつでも自分のバリエーションだ。他人は自分を映す鏡に過ぎず、そこにいるのは自分自身だ。

玄は小さい頃に「こんな大人がいてくれたらいいな」と思うヒーローを今演じているのかもしれない。

玄は相談者に会うたびに過去にさかのぼって己を救いに行く。何度も、何度も、何度も。

一九六二年、梅雨時の雨が喫茶店の窓を叩いている。

六歳の少年は買ってもらったばかりのゼロ戦を飛ばしながら、父母が自分を押しつけ合う会話を聞いていた。やがて窓ガラスに映る母親は、自分を置いて逃げるように店を出て行く。玄少年が繰り返し思い出す悪夢の光景だ。

だが、入れかわって入って来たのは眼光鋭い猪首の男。男は、玄のところにまっすぐ歩いてくると、こう言うのだ。

「なあ、坊主。俺が本当の自分の救い方を教えたろか？」

おわりに（文庫版のために）

本書の単行本版刊行から五年が経った、二〇一六年五月。私は歌舞伎町を歩いている。街はずいぶん様変わりした。私が駆け込み寺に通っていたのは、ちょうどコマ劇場が閉鎖されたころで、コマの取り壊された跡地周辺は閑散としていた。歩いている人といえば、昼間からぶらぶらしている酔っ払いや、二、三人で歩いているパトロール中の警官ぐらいなものだった。

今は、TOHOシネマズやホテルグレイスリーの入った建物がそびえたち、これらのビルを襲撃しているような恰好で、巨大ゴジラのオブジェが顔をのぞかせている。以前、待ち合わせの名所だったスタジオアルタも閉鎖され、このゴジラの下が待ち合わせ場所となっているそうだ。平日の夕方でも街はにぎわっている。行きかう人々は一見日本人のようだが、耳に入ってくる言葉を聞くと、中国や韓国、タイから来た観光客が多いようだ。みな、歌舞伎町の街並みをバックに、スマートフォンで自撮りをしてはしゃいでいる。

好きでもない男に抱かれたあとのような、けだるい倦怠感。そんな雰囲気を醸している歌舞伎町が嫌いではなかった。今は取り締まりが厳しいのだろうか、蟷螂《かまきり》やバッタによく似た、頭が大きくて手足の細いキャッチのホストたちはどこかへ行ってしまった。髪を金色に染めた街娼たちもあたりに見当たらない。街には、ブランドものの中古品を扱う店が増えた。東京オリンピックを前にして、海外からの旅行者をターゲットにしているのだろう。だがこの姿もまた変わっていくはずだ。

メルマガのスポンサーが資金提供を終了し、私が駆け込み寺をやめたのは、二〇一一年。東日本大震災当時のことだ。

苦しみは生きている人の数だけ存在する。震災の発生も重なり、あれからさらに多くのNPOが立ち上がって、さまざまな場所でボランティアが活動するようになった。歌舞伎町駆け込み寺は、NPOから公益社団法人となり、東北一の歓楽街、国分町にも支部ができた。

玄は今も走り続けている。二〇一四年には一般社団法人再チャレンジ支援機構を発足させ、理事のひとりに名を連ねた。これから活動を続けるのに韓国籍ではいろいろな面で不利だからと、日本国籍を取得した。彼のことだ、きっと国籍など、どうでもいいと言うにちがいない。しかし、彼の半生記を書いてきた私には、大きなできごとに感じられる。彼にとって韓国籍は、よくも悪くも彼の人生を決定づけたアイデンティティだったはずだ。

再チャレンジ支援機構というのは、ひきこもりで社会に戻れなくなってしまった人のほか、かつて罪を犯し、服役した人々が、社会復帰をするのを手助けするための団体だという。罪を贖《あがな》い出所しても、社会に居場所がなければ再び罪を犯す。それはもちろん、本人の責任が大きいのにはちがいない。私も、それが社会のせいなどとは言うつもりはない。しかし、最近特に思うのは、この国は一度失敗した人間にはきわめて不寛容で冷たいということだ。ＳＮＳもワイドショーも毎日誰かを叩いている。事業の失敗、不倫、公費の不正支出、薬物使用など、さまざまな事件があるが、誰かが過ちを犯せば、もう二度と這《は》い上がってくることができないところまで、大勢で一斉に攻撃する。不寛容な社会は、はみ出してはいけないという恐怖を生み、それがまた、他人に対する不寛容というループを生み出す。

もし前科がつけば、なおさら再出発の機会は限られる。心の成熟よりも、優秀な労働者になることを重視され、人間が過度に均質化されたこの国では、一度イメージが「穢《けが》れて」しまえば、規格外とされて疎《うと》まれ、仕事を探すことも、地域で暮らすことも、非常な困難になることは容易に想像がつく。誰だって間違う。しかしこの社会は潔癖症なのだ。やり直そうと出所しても、一度道を外れれば、簡単には社会に迎え入れられない。疎外感は復讐心を生む。社会からはじかれれば、人の心は社会を破壊する方向に進む。

「人の心は、どっかこわれとる」

玄は、歌舞伎町を歩く人を見ながら、そうつぶやく。

玄のまなざしは今、社会復帰が難しい元加害者に向けられている。

「加害者を救うことは、被害者のみならず、被害者の家族、加害者の家族を救うことになる」

もし被害者を救えば、被害者とその被害者に近しいものを救うことになるだろう。だが、加害者も救えば、さらに加害者本人が救われ、加害者の家族、被害者の家族、彼の周囲にいる関係者すべてを救うことになる。刑務所で刑を終えた元受刑者を救い、社会復帰ができるように、就労支援のほか刑務所などでの講演会を開いている。このようにワンストップで、被害者、加害者、双方の問題を解決しようとする団体は、ほとんどないのではないだろうか。

「この歌舞伎町に、出所者が働く居酒屋を作るんや。な、おもしろいやろ？　みんな、出所者に会いに来て、話もできる、そんな楽しい場所を作りたいな」

私が玄から出所者居酒屋の話を聞いたのは、駆け込み寺をやめる直前だった。私は、多くのスタッフがきっとそう思っていたように、実現のむずかしい夢物語だと思っていた。出所者を雇うとなれば、近隣からはそれなりに苦情もあるだろうし、資金の調達も簡単にはいかないだろう。資金繰りをするといえば、そもそも駆け込み寺本体の運営自体すら厳しかったのだ。玄は月末になると、毎度、金策に走り回っていたし、スタッフたちも、今度こそ閉所を言い渡されるのではないかと覚悟していた。だから、大勢の賛同者を募って、本当に出所者が働く店をオープンしたと聞いたときには驚いた。

まず、二〇一五年に「歌舞伎町駆け込み餃子」がオープンし、さらに、二〇一六年には、「駆け込み酒場　玄―GEN―（旧・京丹後屋）」の出店を果たした。どちらも同じ歌舞伎町にある。

「駆け込み酒場」では、オープンからすぐ出所者の板長が突然失踪してしまうというハプニングがあったが、現在では一流ホテルのシェフだった元受刑者の男性が、料理に腕を揮《ふる》っている。

この日、玄秀盛の還暦祝いと駆け込み寺十四周年を祝うパーティがその店で開かれた。

それは二日間続き、のべ百人以上の知人、友人がやってくる予定だという。私は、雑居ビルのエレベータに乗った。四階で降りると、そこがシックな和風居酒屋になっている。こじんまりした店内は、ロフトで間仕切りされほかのグループの顔があまり見えないような半個室になっている。

経営を成り立たせるのは大変だと玄は言い、その苦労を隠そうとはしない。

「もう少し、給料を払ってやりたいんやけどな。今は、申し訳ないけどブラック企業やねん」

そう言って笑う彼は、以前より一層若くなったような気がする。出所者のための寮も作り、現在七名がそこで寝起きをともにしている。

「出所者はみんな俺の言うこと聞くで、しっかり首輪つけてるからな。俺がちょっと引っ張れば、ワン、みたいなもんや。ケンカは絶対ないよ」

過激な口ぶりは相変わらずだ。しかし、その露悪的な表現の裏に隠された本当の姿は、玄の言うとおり目に現れる。ちょっと触れば、シュッと切れる刃物のようだった眼光は、いつしか柔和《にゅうわ》なものに変わっていた。

出席者たちの間を回って歩く玄の姿を見ていると、取材当時のことを思い出す。

「アホちゃうか」「あんたインタビューへたやな」

そう、何度怒られただろう。しかし強烈なダメ出しをしながら、辛抱強く話を聞かせてくれた彼の懐の深さが、離れてみた今ならわかる。人ったらし、人使いの天才といわれた玄秀盛という男に鍛えられ、私は、駆け込み寺を去った一年後に『エンジェルフライト 国際霊柩送還士』を書き、その後『紙つなげ！ 彼らが本の紙を造っている』を上梓し、ノンフィクション作家として活動できている。彼が私を作家にしてくれたのだ。その不思議を今つくづくと想う。

当時の私は、自活の道を模索してもがいていた。原稿のなかにあの頃の痛みは存在している。彼は私を前の人生から逃がしてくれたのだ。

「ご注文をお伺いします」

私たちのテーブルに、紺の法被《はっぴ》を着てやって来たのは、五十代の男性だ。国立の一流大学を卒業して会社員をしていたが、ある日、学芸員の資格を利用して、贋作《がんさく》の掛け軸を本物と騙《かた》る詐欺を働いて前科一犯、さらに出所してから、酒に酔って都バスの職員に暴行を働き、公務執行妨害罪で前科二犯となった。収監されていた新潟刑務所で、玄の講演を聞き、心を動かされた彼は、駆け込み寺に手紙を書いた。それがきっかけで、今、この店で働いている。

高学歴でエリートだった自分なら、ほかの会社に就職することもできるだろう、と言うが、出所者の立ち直りについてこう語る。

「ほんの少しの手助けがあれば立ち直ることができるんです。僕は今、東京都の施設で暮らしているのですが、そこではなかなか生活の融通《ゆうずう》がききません。施設で一緒に暮らしている人が、会社の面接に行くというのですが、スーツがクシャクシャでみっともなかったんです。そこで、少しでも心証をよくしようと、クリーニングに出したいと願い出ました。でも、施設は、そのお金を貸してくれませんでした。施設で貸し出しているスーツを着ていきなさいと言うんですね。もちろん税金ですから、文句は言えません。でも、つんつるてんのスーツや、だぶだぶのスーツを着て行っても、面接では受からないでしょう？　ほんの少しの支援があったら、もしかしたら立ち直ることができるかもしれないんですよ。玄さんは、そこのところがわかっていると思います。懐の深い人です」

落ち着いたら、司法書士の資格を取ってやり直したいと言っていた。

もうひとりにも話を聞く。彼は前科七犯だ。

「北の最果てにある、網走刑務所を出たのは四日前です。北海道は広いので一日かけて札幌まで行き、そこで一泊しました。自分は九州の出身なんですが、故郷に帰ってももう身内もいないし、帰れば悪い仲間がいて誘われてしまう。私はもう五十代。やり直すのは最後のチャンスだと思いました。そこで、心機一転新しい場所で暮らしてみようと東京へ出ることにしました。でも知り合いもいないし、仕事に就けるあてもないので、保護観察所に出向きました。そこでは、私のように職もなく、住むところもない出所者に食事や宿泊場所を提供してくれる緊急保護というプログラムがあるんです。施設の方が『こんなところがあるよ』と、玄さんを紹介してくださいました」

そうやって、わずか数日前に網走から出てきた人が、今ここで働いているというわけだ。いつもながら、玄の決断の速さには驚かされる。この従業員は、以前から駆け込み寺のことを知っていたのだろうか。

「どこかで聞いたことはあったかもしれないんですが、生意気なことに、以前の俺には関係ないと思っていました。今回玄さんに会ったときには、うわあ、ごつい方やなと。でも、スパン、スパンとものを言ってくれる人だったので、ついていったら、自分の迷った人生もまっすぐになるんじゃないかと思いましてね」

彼が犯したのは、ほとんどが覚せい剤がらみだ。しかし、今はクスリをやめることができているという。

「四十まで何度も同じような失敗を繰り返しましたが、もう、いい加減にやめようと決心して、絶ちました。クスリというのは、やめようと思ってやめられるものじゃありませんが、やめ続けていれば、その結果としてやめることができるんです。もう、やろうとは思わないし、そういう場所にも近づかなくなります。依存症というよりは、そこにあるので手を出してしまうという、習慣性のものだったように思います」

しかし、まじめにやり直そうとした矢先、また罪を犯してしまう。

「オレオレ詐欺の受け子をしてしまいました。友達に誘われたんです。『東京でいい仕事がある』と言われ、どんな仕事だかまったくわからず東京に来て、仕事をしたら現行犯逮捕です。甘い話はないなと思いました」

そして網走刑務所で服役した。今回ばかりは、出所して仕事が見つかるか不安で仕方がなかったという。だが、この店に雇われた。これからうまくやっていけそうかと聞いてみると、彼は生真面目そうにしばらく考えて、こう答えた。

「自分には先のことまではわかりません。一日一日を頑張っていくだけです。でも言えるのは、自分の後ろに玄さんがいるということです。自分が横道に逸れたら、襟首を捕まえてひっぱってくれるかなと思うんです。今までそういうところがなかったので、知らない街に来て、玄さんに巡り合うことができて本当に感謝しています。

玄さんは私にこう言ってくれました。過去はどうでもいいし、年なんか気にしなくていい、まだまだこれからやり直せると。そう強く言われて嬉しかった。ちゃんとしようと思いますし、裏切れなくなります。なんとしても期待に応えたくなるんです。まだ働き始めて二日目で覚えることばかりですが、こうやって働けることが楽しいです。刑務所出所者だということも、過去は過去として認め、隠さずに生きていこうと思います」

大事なのは、居場所づくりだと玄は常々言っている。ここで働く人々が幸せであるなら、後に続く者に勇気を与えることだろう。

彼の話を聞いている間にも、店内にはひときわ元気な女性の声が響いている。出所者の店員たちにまざって、店を手伝っているのは、かつて玄が捨てた娘だ。あれから、和解して、彼を慕って遊びに来るようになっていた。彼の息子も来ていて、店の奥でニコニコと笑って酒を飲んでいる。

どんなつらい喪失でも、次のサイクルは再生の道筋をたどる。

駆け込み寺のスタッフも様変わりした。私が働いていた当時からいるのは小林ひとりだ。人々はやって来ては去っていく。五年という期限で、日本財団から下りた助成金も、今年で最終年だという。それを機に、今いるスタッフもまた解散するのだろう。

十四周年と還暦のお祝いパーティは散会となり、店を出ると、外は夜になっていた。暗がりに瞬く、けばけばしいネオンがたまらなく懐かしい。耳に入ってくる言葉は、やはり中国語や、韓国語、タイ語。あとは何語だろう。湿気《しっけ》を帯びてきた外気は、そろそろ雨の季節であることを伝えている。歌舞伎町一番街のゲートの下では、熟れたザクロのようなネオンサインに、観光客がスマートフォンを向けて、熱心に撮影していた。

ここをかつて、スリップ一枚のフィリピン人女性や、顔にあざをつけたデブ専のソープランド嬢、かばんに牛刀を隠し持った男が通った。ゲイバーにはまり失踪した夫を探す妻や、自分の性的アイデンティティに苦しんだ会社員も通った。私は、人混みのなかを歩きながら、もしかしたら今、すれ違った誰かも、駆け込み寺を目指しているのかもしれない、と思う。

人生には思いもよらないことが起きる。いいことも、悪いこともあるし、時には大事な人、自分を支えてきた仕事、金、健康、その他さまざまなものを失うこともある。

「すべては、鼻クソのごとくちいさな悩み」

私は、玄の口癖を思い出して、小さく笑った。

ここ十数年で亜熱帯のようになってしまった新宿歌舞伎町の夜を歩きながら、もう一度問うてみる。私が追いかけていた、玄秀盛という男。彼はいったい何者なのだろう。韓国済州島から密航してきた父と四人の母に育てられ、五歳まで出生届も出されなかった少年。ヤクザと渡り合った強欲な西成の人夫出し。千日回峰行を成し遂げた酒井大阿闍梨に弟子入りし、得度を受けた僧侶。HTLV-1に罹患し、NPO法人、新宿駆け込み寺を立ち上げ、人々を苦しみから救った男。

壮絶な過去についての露悪ともいうべきインタビューへの受け答えや、実際に面倒をいとわず、他人の相談に乗る姿は、受け手の心の中にある森羅万象《しんらばんしょう》を映し出す。きっと、彼に向き合う相談者たちにも、それぞれの社会的な立場や、性別、年齢、そして、今抱えている悩みによって、玄という人が、さまざまな姿に見えていることだろう。どれもが正しく、どれもが間違っているのだろう。彼は、悪人であり善人、被害者であり加害者。捨てられた子どもであり捨てた親でもある。

ひとつのイメージで描くことを、かたくなに拒んだ玄秀盛は、この世のどんな人間模様も映し出すひとつの鏡でしかないのだ。他人や自分に対するイメージなど、どれもがつかのまのもので、一時のまやかしである。我々はほんの小さなできごとや、他人の無意識の言動によって、容易に誘導され、世間や他人によって、思い込まされてしまうニセモノを本物のように思っている。そして、そのイメージを、あたかも本物のように、後生大事に死守しようともがいている。

もしも過去を捨て、他人へのものの見方や、自分へのものの見方、周囲の評判や、地位や名誉を捨ててしまうことができさえすれば、あとはただ、そこに自由な人間がいるだけだ。間違ったり躓《つまず》いたりしたら、もう一度選択しなおせばいい。そうすれば、何にでもなれるし、どんなところへでも行ける。新しくやり直すことも、人生に感謝することもできる。そう玄は説いているのである。

彼のいう、「人生の補助輪」とは、今まで思い込まされた、社会常識や、自分の限界なのかもしれない。それを外してどこまで行けるのか。彼は、相談者の覚悟がどれほどのものか試しているのだ。

ひとつだけこの駆け込み寺で、知りたかったことがある。人が喪失を経験したとき、どうやって再生の道をたどるのかということだ。人が生きていれば、望まない喪失や、不幸は避けられない。自分が大事だと思っているものを、失うこともあるだろう。そんなとき、人はどう立ち上がっていくのか。私は、駆け込み寺にいた約二年間の日々を、相談者とともに考えていた。そして喪失と再生の物語は、私のその後の二冊のテーマとなる。

かつてタイの高僧、アーチャン・チャーはこう言った。

もし、あなたが少しだけ手放すなら、少しだけ平安を得るだろう。

もし、あなたが多くのものを手放すなら、多くの平安を得るだろう。

もし、あらゆるものを手放すなら、あなたは完全な平安と自由を知るだろう。

そのとき、この世界におけるあなたの闘いは、終わりを告げるのだ。


わかっていても、どうしても手放せないものもある。私は、それでも、精一杯前を向こうとする人々の姿が好きなのだ。きっと、玄秀盛も、相談者の声に耳を傾けながら、人が再生の道をたどる姿を、じっと見つめているに違いない。

「あんたの人生から、逃がしてやろうか」

彼はこれからも、手を差し伸べ続けるだろう。だが、もうわかっている。その手を摑むか、摑まないかを決めるのは、ただひとり、相談者だけなのだ。

二〇一六年六月

本書は、二〇一一年十二月にKKロングセラーズから刊行された『駆け込み寺の玄さん』を加筆・修正・改題の上、文庫化したものです。

玄秀盛関連リンク

公益社団法人日本駆け込み寺

http://nippon-kakekomidera.jp/

一般社団法人再チャレンジ支援機構

http://shienkiko.jp/

佐々涼子（ささ・りょうこ）
1968年生まれ。早稲田大学法学部卒。日本語教師を経て、ノンフィクションライターに。主な著作に『エンジェルフライト 国際霊柩送還士』（2012、第10回集英社・開高健ノンフィクション賞受賞）。『紙つなげ！　彼らが本の紙を造っている　再生・日本製紙石巻工場』（2014、早川書房）。

【使用紙】
本文：新N早川文庫用紙 35kg（日本製紙）
表紙：早川文庫表紙 54kg（北越紀州製紙）
カバー：トップコート＋四六判 110kg（王子製紙）
帯：トップコート＋四六判 90kg（王子製紙）

ブラインド・サイド
——しあわせの隠れ場所

The Blind Side

マイケル・ルイス

河口正史監修／藤澤将雄訳

ハヤカワ文庫ＮＦ

ＮＦＬの人気選手と家族の絆を描いた感動ノンフィクション

父親の顔も知らず貧しく孤独に育った黒人少年が、アメフトのスター選手に！　無償の愛で彼を支えた裕福な白人家族との絆を描く。『マネー・ボール』の著者がアメフトの攻撃システムや年俸の変化を詳らかに記す。映画「しあわせの隠れ場所」原作！

ずる
——嘘とごまかしの行動経済学

The (Honest) Truth About Dishonesty

ダン・アリエリー
櫻井祐子訳

ハヤカワ文庫NF

正直者の小さな「ずる」が大きな不正に？
不正と意思決定の秘密を解き明かす！

子どもがよその子の鉛筆をとったら怒るのに会社から赤ペンを失敬したり、ゴルフボールを手で動かすのはアンフェアでもクラブで動かすのは許せたり。そんな心理の謎を読み解き不正を減らすには？　ビジネスにごまかしを持ちこませないためのヒントも満載の一冊

ピクサー
——早すぎた天才たちの大逆転劇

The Pixar Touch

デイヴィッド・A・プライス
櫻井祐子訳

ハヤカワ文庫NF

お荷物部門はいかにして
世界一のCGアニメスタジオに成長したか

『トイ・ストーリー』をはじめとする驚異のCGアニメーションで映画業界の寵児となったピクサーは、いかに苦難の日々を抜けて卓越した創造の場となったのか。アップルを追われたジョブズ、ディズニーをクビになったラセターなど異才・天才たちが織りなす物語

かぜの科学
——もっとも身近な病の生態

Ah-Choo!

ジェニファー・アッカーマン
鍛原多恵子訳
ハヤカワ文庫ＮＦ

これまでの常識を覆す、
まったく新しい風邪読本

人は一生涯に平均二〇〇回も風邪をひく。しかしいまだにワクチンも特効薬もないのはなぜ？　本当に効く予防法とは、対処策とは？　自ら罹患実験に挑んだサイエンスライターが最新の知見を用いて風邪の正体に迫り、民間療法や市販薬の効果のほどを明らかにする！

HM=Hayakawa Mystery
SF=Science Fiction
JA=Japanese Author
NV=Novel
NF=Nonfiction
FT=Fantasy

駆《か》け込《こ》み寺《でら》の男《おとこ》
—玄秀盛《げんひでもり》—

〈NF474〉

二〇一六年八月十日　印刷
二〇一六年八月十五日　発行
（定価はカバーに表示してあります）

著者　佐《さ》々《さ》涼《りょう》子《こ》
発行者　早川浩
印刷者　草刈龍平
発行所　株式会社　早川書房

郵便番号　一〇一 - 〇〇四六
東京都千代田区神田多町二ノ二
電話　〇三 - 三二五二 - 三一一一（大代表）
振替　〇〇一六〇 - 三 - 四七七九九
http://www.hayakawa-online.co.jp

印刷・中央精版印刷株式会社　製本・株式会社フォーネット社

ISBN978-4-15-050474-8 C0195

本書は活字が大きく読みやすい〈トールサイズ〉です。